いま読む！名著

宮本常一『忘れられた日本人』を読み直す

岩田重則
Shigenori IWATA

日本人のわすれもの

現代書館

いま読む！名著

日本人のわすれもの

宮本常一『忘れられた日本人』を読み直す

＊

目次

序章

ハナシとして読む

民俗学者として知られる宮本常一《みやもとつねいち》（一九〇七―八一）に『忘れられた日本人』という作品がある。初版は一九六〇年（昭和三五）七月二〇日発行（未來社）である。

新日米安全保障条約の批准書が交換され発効したのがその約一ヶ月前の六月二三日であった。『忘れられた日本人』初版発行の一九六〇年（昭和三五）とは、一九四五年（昭和二〇）のアジア太平洋戦争敗戦から一五年後、一九六四年（昭和三九）の東京オリンピックの四年前、一九七〇年（昭和四五）の大阪万国博覧会の一〇年前、やがて本格化する日本経済の高度成長目前にあった。世界的には、一九六二年（昭和三七）のキューバ危機の二年前、一九六三年（昭和三八）のアメリカ大統領ジョン・F・ケネディ暗殺の三年前、ベトナム戦争が本格化した一九六五年（昭和四〇）のアメリカによる北爆開始から五年前である。いまだ東西冷戦は激しく（冷たく）、北爆開始の年は、中国では文化大革命が本格化している。現在からみれば、もはや同時代ではなく、現代史として構成されるべき時代の作品である。

『忘れられた日本人』は刊行当初から名作として知られてきた。岩波文庫からも再版され（一九八四年五月一六日初版）、いっそう知られることになった。『宮本常一著作集』（未來社）では第一〇巻（一九七一年四月三〇日初版）に所収されている。

そして現在、一九六〇年（昭和三五）の『忘れられた日本人』の刊行から約五五年が経過した。そこにえがかれた世界は、二一世紀の現在からみれば隔世の感があろう。それは〈忘れられた日本人〉どころか、異文化とさえ感じられるかもしれない。

研究者としての宮本常一自身からすれば、『忘れられた日本人』はその本体ではなかった。研究者としては、その学位論文でもあった『瀬戸内海の研究』（一九六五）をはじめとする総合社会史とでもいうべき作品群がその到達点として存在している。[*1] しかし、『忘れられた日本人』は、同年九月三〇日刊行の『日本の離島』（未來社）［翌一九六一年日本エッセイストクラブ賞受賞作品］とともに、宮本常一の名を世上に押し上げることになった。宮本常一を知らしめ、現在では新しい古典とでもいうべき作品とされているのは、その研究者としての学術的著作ではなく、そのフィールドワークの周辺を綴った『忘れられた日本人』などのハナシであった。

それでは、この新しい古典、『忘れられた日本人』とはどのような作品であったのだろう。また、この作品はどのようにして読まれるべきであろうか。

もちろん、どのような作品であれ、読み方は読者の自由である。しかし、最低限の作法、基本的書誌情報についての知識、その作品をかこんでいた状況からの位置づけ、そうした作業は必要であろう。そのような意味では、『忘れられた日本人』には、これまで、基本的認識を欠如した手前勝手な議論と誤解が多すぎた。

一例をあげれば、文献史家として知られる網野善彦《あみのよしひこ》（一九二八―二〇〇四）に『『忘れられた日本人』を読む』（二〇〇三）がある。網野にとっては最晩年の仕事であり、二〇一三年（平成二五）には岩波現代文庫から再版されている。宮本との交流が述べられるとともに、個々の事例をとりあげ、その中世史の補強にも利用されている。タイトルこそ『『忘れられた日本人』を読む』であるが、網野の議論からは、『忘れられた日本人』がどのような作品であるのかは伝わってこない。実際にあったという宮本との人的交流を紹介し、網野自身の学説とでもいうべきものを権威づけ、歴史事象のこま切れ的説明をくりかえしている。

結論からいえば、『忘れられた日本人』を、事実として、また、学術的資料として読んではならない、ということである。いわんや、こま切れの事実として読み、それを網野が行なったような、みずからを権威づけるために利用してはならない。

確かに、『忘れられた日本人』は宮本のフィールドワークのなかでの観察と聞き書き（日本の民俗学では対面調査のhearing《ヒアリング》のことを「聞き書き」といってきたのでここではこの言葉を使う）をもとに構成されている。しかし、それは宮本のフィールドワークそのまま、また、そこにあった事実そのままではなかった。事実に取材しながらも、事実をできるだけ事実のままに再現しようとするノンフィクションとしてではなく、宮本がその感性のままに再構成したハナシであった。

事実をもとにしながらも、宮本常一がその主観によって創出したハナシとして受けとられるべきであった。それが『忘れられた日本人』である。それについて、宮本がどれだけ自覚的であったのか、それとも無自覚であったのか、それはわからない。しかし、宮本は『忘れられた日本人』に収録した一三本のハナシを通して、その感性によって、〈忘れられた日本人〉の経験と人生をえがいた。

事実をもとにして、宮本常一の感性がえがいたハナシ集としての『忘れられた日本人』である。

その『忘れられた日本人』から、わたしたちは何を学ぶことができるのだろう。約五五年が経過している。その読み方について解答が出るものでもなく、また、出す必要もない。ただ、ここでは、その初版が刊行された一九六〇年（昭和三五）に即して、また、宮本常一の作品構成の方法に即して、ひとつの読み方を提示してみることにしよう。

引用文献は原則として初出により、参考文献は宮本常一と宮本以外とに分けて末尾に一覧とし、著作集・全集などにより再録のある著作については、それを明記した。

人名にはできるだけ生没年を記した。ただし、これについては判明しないばあいもあり、そうした人物については記載をひかえている。

＊1　岩田重則、『宮本常一――逸脱の民俗学者』二三七－二七五ページ

第1章

『忘れられた日本人』の位置

1960年(昭和35)の『忘れられた日本人』出版までには独特の経緯がある。
書き下ろしがあり、既発表の再録もあれば、さらには加筆等もある。
それらの行程をていねいに解き明かすことで
『忘れられた日本人』の位置づけを正確に行うことから本書は始めてみたい。
また初出原稿の多くが収録された月刊誌『民話』の周辺も視野に入れながら
『忘れられた日本人』と民話論との関係も考察していく。

1 『忘れられた日本人』の書誌

正確に読むために

一九六〇年（昭和三五）七月二〇日初版発行（未來社）の『忘れられた日本人』には、最初の「対馬にて」から最後の「文字をもつ伝承者(二)」まで、合計一三本のハナシが収められている。表に整理してみたとおりである［表］。

これら合計一三本のハナシは、「名倉談義」と「土佐寺川夜話」の二本が書きおろしで、他の一一本は既発表のハナシを所収したものであった。そして、この一一本のうち、『教師生活』第六号（一九六〇年一月）発表の「子供をさがす」をのぞく一〇本は、民話の会の機関誌、月刊誌『民話』（未来社）に、「年よりたち」の副題のもとで、第三号（一九五八年一二月一日）から第二一号（一九六〇年六月一日）まで隔号（隔月）で一〇回にわたり連載されたものであった。これらには『忘れられた日本人』所収にあたり加筆されたものもあり、「土佐源氏」のように、いったん『日本残酷物語 第一部 貧しき人々のむれ』（一九五九）に「土佐檮原《とさゆすはら》の乞食《こじき》」とタイトルを変更して加筆し、タイトルだけはもとの「土佐源氏」に戻して『忘れられた日本人』に所収されたものもある。しかし、その基本は、月刊誌『民話』発表の一〇回連載「年よりたち」をベースに、それに加筆して構成されたハナシ集であった。

No.	タイトル	初出掲載誌など
1	対馬にて	「対馬にて――年よりたち 二」『民話』(第5号、1959年2月1日) 18-27ページに加筆
2	村の寄りあい	「寄りあい制度――年よりたち 四」『民話』(第9号、1959年6月1日) 11-20ページ
3	名倉談義	書き下ろし。
4	子供をさがす	『教師生活』第6号(1960年1月) 6-7ページ
5	女の世間	「女の世間――年よりたち 六」『民話』(第13号、1959年10月1日) 31-39ページに加筆
6	土佐源氏	「土佐源氏――年よりたち 五」『民話』(第11号、1959年8月1日) 31-39ページを、『日本残酷物語 第1部 貧しき人々のむれ』(1959年11月30日、平凡社) 93-112ページ「土佐檮原の乞食」として加筆し、これを収録
7	土佐寺川夜話	書き下ろし。「古く書いたまま持っていた」(「あとがき」)もの
8	梶田富五郎翁	「梶田富五郎翁――年よりたち 三」『民話』(第7号、1959年4月5日) 12-21ページ
9	私の祖父	「私の祖父――年よりたち 一」『民話』(第3号、1958年12月1日) 2-10ページ
10	世間師(一)	「世間師――年よりたち 七」『民話』(第15号、1959年12月1日) 16-25ページに前文だけ加筆
11	世間師(二)	「世間師 二――年よりたち 八」『民話』(第17号、1960年2月1日) 26-34ページ
12	文字をもつ伝承者(一)	「文字をもつ伝承者――年よりたち 九」『民話』(第19号、1960年4月1日) 15-23ページ
13	文字をもつ伝承者(二)	「文字をもつ伝承者――年よりたち 最終回」『民話』(第21号、1960年6月1日) 37-45ページ

表『忘れられた日本人』(1960年7月20日発行、未來社) 所収文章初出掲載誌一覧

したがって、このような経緯で構成された『忘れられた日本人』を正確に読むためには、あらかじめ、次のような二つの作業を行なう必要が出てくる。

一つは、初出誌から『忘れられた日本人』に所収されるにあたり、どのような加筆が行なわれているのかを具体的に確認することである。書きおろしの「名倉談義」と「土佐寺川夜話」をのぞき、また、章のはじめと終わりのつなぎのセンテンスをのぞき、[*1]「対馬にて」「女の世間」「土佐源氏」の三本には初出誌からの明らかな加筆があった。宮本の『忘れられた日本人』の「あとがき」によれば、月刊誌『民話』では、連載にあたり枚数が三〇枚（四〇〇字詰原稿用紙）と限られていたために、単行本として『忘れられた日本人』をまとめるにあたり、「すこしずつ増補添削」したということだが、[*2]その「増補添削」のしかたのなかに、『忘れられた日本人』にひそむ特徴を読みとることができるのではないだろうか、ということである。

もう一つは、『忘れられた日本人』の主要初出誌であった月刊誌『民話』とはどのような性格の雑誌であったのか、それを分析する必要があることである。宮本は、民話の会の機関誌、月刊誌『民話』の第一号（一九五八年一〇月一日創刊）から第二四号（一九六〇年九月一日休刊）まで、劇作家の木下順二《きのしたじゅんじ》（一九一四－二〇〇六）、文芸学者・翻訳家の西郷竹彦《さいごうたけひこ》（一九二〇－）、中国文学・現代中国研究者の竹内実《たけうちみのる》（一九二三－二〇一三）、国文学者の益田勝実《ますだかつみ》（一九二三－二〇一〇）、民話研究者の吉沢和夫《よしざわかずお》（一九二四－）とともに編集委員であった。[*3]月刊誌『民話』に寄稿した執筆者も、分野横断的に作家・芸術家・文学者・歴史学者・民俗学者をはじめ多方面にわたっており、学際的協業によって編集されていたが、そのなかには特定の思想的傾向が見え隠れする人たちもいる。宮本はそうした人たちとは一線を画していたと思われるが、宮本の『忘れられた日本人』の原型は、特定の思想的目的を持ち編集された月刊誌『民話』のなかでの発表であった。したがって、『忘れられた日本人』を読むためには、宮本が月刊誌『民話』の編集委員であったということも含めて、この月刊誌がどのような性格を持っていたのか、それを明らかにしておく必要がある。

「対馬にて」の加筆——歌合戦

まずは、一つめの、『忘れられた日本人』における初出誌からの加筆について、「対馬にて」「女の世間」「土佐源氏」の順番で確認してみよう。

『忘れられた日本人』冒頭の「対馬にて」は、初年度が一九五〇年（昭和二五）七月・八月、二年度が翌一九五一年（昭和二六）七月・八月の九学会連合（一九五〇年は八学会連合）の対馬《つしま》調査におけ る調査の周辺をえがいている。[*4] 前半は納得のゆくまで合議する寄りあい、後半は民謡が唄われる場と男と女が身体までかけたという歌合戦についてのハナシとして知られる。このハナシの終わりは、二年度めに佐須奈《さすな》という集落で、夜が更けるまでおばあさんたちと歌を唄いあったという場面である。しかし、この「対馬にて」の初出、月刊誌『民話』第五号（一九五九年六月一日）の「対馬にて」には、おばあさんたちとの歌の唄いあいの場面はなく、鈴木老人という人物の若かりし日の歌合戦で、次のようにしめくくられる。

「明治天皇様が死になさって世の中がさびしうなったのう」老人は来し方を懐古してそういったが、日本全体は逆にその頃から明るくはなやかになっている。が日本の片隅にはそれとは反対の現象も見られた。それにしても私にはこのあたりに中世的世界の俤がまだのこっているように思われるのである。[*5]

民謡と歌合戦をえがきながら、それらをして、中世的世界の残存として結論づけている。しかし、この「対馬にて」が『忘れられた日本人』に所収されたときには、中世的世界の残存を指摘するこの最後の文章はカットされ、歌合戦が延長される。次のような、佐須奈でのおばあさんたちとの歌の唄いあいの場面の再現でしめくくられる。

宿で夕はんをすまして待っていると、おそくなってよびに来てくれた。酒の一升びんをさげていって見ると、六十すぎのおばァさんが四人ほどもあつまっており、ほかに若いものもいた。ばァさんたちに「あんたが口切りにまずうたわにゃァ」と言われるものだから、私は郷里の盆踊りの口説の一節をうたうと「よう似ている」とばァさんたちは喜んでうたいはじめた。「のどをしめして……」といって酒を湯のみにつぐと、遠慮もしないで飲んで、それからうたい出した。いい声である。[*6]

次のように続ける。

相手がうたうとこちらにも歌を要求する。私はそんなに知っているわけではないけれど、とに角、すすめられると三度に一度はうたう。歌合戦というものはこうしておこるものだと思った。とに角だんだん興奮して来ると、次第にセックスに関係の歌詞が多くなる。（中略）夜がふけて大きい声でうたうものだから近所の人も家のまえに群がって来た。そうして三時ごろまでうたいつづけたのである。無論その間には話もはずんだのであるが。それではじめてこの地方の歌合戦というものがどのようなものであったかおぼろ気ながらわかったような気がした。*7

これが『忘れられた日本人』に所収されたときの「対馬にて」のしめくくりであった。月刊誌『民話』の初出の「対馬にて」では中世的世界の残存を指摘して終わっているのに対して、『忘れられた日本人』での加筆では、歌合戦の体験的な再現によって、実感としてそれを知らしめる、そのような終わり方である。宮本にとって強烈な体験であったために、このような加筆になったのであろうが、最後に体験を加えることによって、歌合戦を中世的世界の残存として過去完了形とするのではなく、その場で現実にある生の存在として甦らせている。

宮本はこのおばあさんたちとの歌の唄いあいについて、次のようにも語る。

ノートを出しては気分がこわれるからと思って、ただきくだけにしたのだが、一人がうたって息がきれかかると次の人がうたう。*8

「ただきくだけにした」、宮本はこの体験を記録していなかったのである。このハナシはその記憶によって書かれたことになる。

この記憶によるハナシの叙述、これについてはあとで再論したいが、すくなくとも次のようにいうことはできる。フィールドノートの記録によるのではなく、記憶による叙述であったがゆえに、このような加筆が容易になされ得たであろう、ということである。

『忘れられた日本人』ではカットされているが、月刊誌『民話』で一〇回にわたる連載をはじめるにあたり、その初回であった第三号（一九五八年一二月一日）の「私の祖父」の書き出しは次のようなものであった。

いままでに多くの老人におうた。しかし戦前におうた人々のメモはやいてしまって記憶もおおかたうすれて来ている。戦後の場合も、その話してくれたことのうち、自分の資料になると思うものはかきとめたが、そうでないものはついメモしなかったためにやはり記憶がうすれて来つつある。しかし、いまになってふりかえって見、この人たちの生きて来た道、物の見方なども記録しておくべきであったと思う。ここにはそうした忘れられかけていることどもを思いおこしてかいて見たい。*9

「メモはやいてしまって」というのは、一九四五年（昭和二〇）七月一〇日の大阪府堺市空襲により自宅を焼失、フィールドノート・原稿などを失ったことをさす。ただ、物理的事情によるそれだけではなかった。「自分の資料になると思うものはかきとめたが」、そうではないものはフィールドノートに書きとめていなかったというのである。いわば、宮本は、フィールドワークの本体ではなく、それからズレ、書きとめなかった部分、調査の周辺を、記憶によって、連載のなかで再現したいといっている。

フィールドノートに記した記録ではない、あるいは、資料ではない、その部分を記憶によって再構成する、それがこの「年よりたち」の連載であり、『忘れられた日本人』のそもそもの原型であった。

「女の世間」の加筆——女のエロ話

次は、「女の世間」における加筆についてである。

『忘れられた日本人』の五番目の「女の世間」は、宮本の故郷周防大島で田植に際しての女の世間話を、会話を再現する叙述スタイルでえがく。娘の出稼ぎ奉公・旅などをしつけと肯定的に評価し、最後は女の世間話におけるエロ話が続きそれを会話風に再現する。しかし、この「女の世間」は、初出の月刊誌『民話』の段階ではエロ話のウエイトは少なく、『忘れられた日本人』に所収されて加筆されることによって、エロ話の量が増えている。

初出の月刊誌『民話』第一三号（一九五九年一〇月一日）の「女の世間」では、そのしめくくりは「観音様」とあだ名されたひとりの女のハナシである。「観音様」とあだ名された女の、あだ名の由来は次のようなものだった。

以前は、腰巻だけだったので、女がかがんでいる（「つくなんでいる」）と、前から性器が丸見えだった。

「近所の若い者が、前へまたつくなんで、話しながら、チラチラ下の方を見るげな。『あんたどこをみちょるんの』って観音さまが例の調子でどなりつけたら、若いのが『観音様が開帳しているで、拝ましてもろうちょるのよ』と言ったげな。そしたら『観音様がそがいに拝みたいなら、サァ拝みんされ』って前をまくって男の鼻さきへつきつけたげな。男にとって何ぼええもんでも鼻の先へつきつけられたら弱ってのう、とんでにげたんといの。それからあんた、観音様って言うようになったんといの。それからあんた、若い者でも遊びに行こうものなら『あんた観音様が拝みたいか』って追いかえしたげな」[*10]

下手な説明は不要であろう。

初出の月刊誌『民話』の「女の世間」では、これに続いて次のようなハナシが続く。


「男はあったんじゃろうに……」。

「さぁどうか、子供を生んだともきかんし、観音様を抱いてねたという男の話もきかんから、死ぬまで一人じゃったのじゃないかしら」。

「そうじゃろう、死ぬる時に『わしゃこれから極楽へいったらお釈迦様と寝にゃならん、お釈迦様とならねてみたい』と言ったげなで[*11]」。


現世では男を追いかえしていた「観音様」が、いまわのきわに、あの世では「お釈迦様とならねてみたい」といったというオチである。

残念なことに、このすばらしいオチは、『忘れられた日本人』ではカットされている。

そして、『忘れられた日本人』では、次のような加筆となる。


「わしゃ足が大けてのう、十文三分をはくんじゃが……」「足の大けえもんは穴も大けえちうが……」「ありゃ、あがいなことを、わしらあんまり大けえないで」「なあに、足あとの穴が大けえって言うとるのよ」「穴が大けえと、埋めるのに骨がおれるけに」「よっぽど元気のええ男でないとよう埋めまいて……」「またあがいなことを……」。[*12]

さらに田植時の女の世間話、エロ話が続くのだが、こうしたエロ話に対して、宮本は次のような評価をして、『忘れられた日本人』における「女の世間」をしめくくる。月刊誌『民話』での初出時には、こうしたエロ話への評価は、いっさい行なわれていない。

性の話が禁断であった時代にも農民のとくに女たちの世界ではこのような話もごく自然にはなされていた。そしてそれは田植ばかりでなく、その外の女たちの作業の間にもしきりにはなされる。（中略）エロ話の上手な女の多くが愛夫家であるのもおもしろい。女たちのエロばなしの明るい世界は女たちが幸福である事を意味している。したがって女たちのすべてのエロ話がこのようにあるというのではない。（中略）女たちのはなしをきいていてエロ話がいけないのではなく、エロ話をゆがめている何ものかがいけないのだとしみじみ思うのである。[*13]

女のエロ話を〈明るい〉と評価し、そこに健全性と幸福をみようとする宮本の意見を吐露してしめくくっている。確かに、さほど遠い昔ではない近年まで、こうしたむき出しの性が村落社会にはあり、それを覚えている人もいまだ多かろう。日常会話でも、その地域の言葉で男性器のみならず女性器をふつうに呼び、性的行動をどこか笑いながら話し、あるいは、暑い盛りには、ふんどしだけで歩いている男、また、いまふうにいえばトップレスのままの女もいた。道端・野良では男の立ち小便だけではなく、女の立ち小便もあった。確かに、性は隠されていなかった。

しかし、宮本の評価のように、それらをもってして〈明るい〉と評価してよいのかどうか。これについてもあとで検討したいが、すくなくとも、宮本のエロ話の加筆は、エロ話の事例を増やし、その評価をより実感的に納得させようとする。理屈でその評価を納得させるのではなく、生の事例をもってして、その事例のインパクトにより納得させる方法である。これは「対馬にて」における歌合戦の加筆、おばあさんたちとの歌の唄いあいの体験の追加でもそうであった。『忘れられた日本人』はまんぜんとハナシを並べていくだけではない。論理的展開による説明ではなく、事例のインパクトにより、著者宮本の評価を読者の感性のなかに無自覚なまますりこませてしまう、そうした方法である。『忘れられた日本人』は、〈忘れられた日本人〉の世界を読者の感性にうったえかけ、それをそのまま血肉化させている。

そして、このエロ話についてもそうであるが、それがどれだけフィールドノートのままであったかどうか、あるいは、フィールドノートがあったかどうか、さらには、宮本が叙述したようなエロ話の会話そのままに語られていたかどうか、が問題として残る。多少なりともフィールド経験のあるものならわかるだろうが、こうした会話をそのままに再現すれば、読者はその意味をとることは難しい。会話はその会話者だけにわかる文脈のなかで行なわれる。第三者からみれば省略に満ちている。そのために、会話を再現するのならば、再構成する調査者によるくみかえがおのずと必要となる。

「女の世間」についても、宮本がその体験と記憶によって、その感性をフィルターとして再構成したハナシであった可能性が高いといえよう。

「土佐源氏」の加筆——女遍歴

そして、『忘れられた日本人』所収にあたっての初出からの最大の加筆は、もっともよく知られた、六番めの「土佐源氏」にあった。この「土佐源氏」の内容についての検討もあとで再び詳しく行ならが、そのハナシを概略すれば、伊予《いよ》(愛媛県)生まれのひとりの男が博労《ばくろう》となり、伊予と土佐《とさ》(高知県)をまたにかけて博労をしながら女性遍歴を重ねる、その物語を、博労のひとり語りの叙述形態によりライフヒストリーとして完成させたものである。初出は、月刊誌『民話』第一一号(一九五九年八月一日)である。

最初、その出生時から祖父母に育てられた幼少体験、博労になるまでの少年期・青年期を経て、博労をしながらの女性遍歴が語られる。そして、この女性遍歴のハナシには、連続する二つの大きな山場があった。一つは官林署の役人の「嫁さん」との逢瀬、もう一つは元庄屋で県会議員の「おかた」との逢瀬である。やや蔑視されていたという「土佐源氏」が、地域社会の上位ランクの女と性関係を持ったハナシである。

しかし、実は、この二人の女との逢瀬は、初出の月刊誌『民話』の「土佐源氏」では、一つめの官林署の役人の「嫁さん」との逢瀬しかえがかれていない。初出の月刊誌『民話』の「土佐源氏」では、官林署の役人の「嫁さん」との逢瀬のハナシのあと、次のように続くだけである。

まずはこの「嫁さん」との別れである。

それから四、五回もおうたじゃろうか。わしはこの人に迷惑かけてはいかんと思うて、この人にも内緒、婆にも何もいわんで、四年目にまた雪のふる道を一人で伊予へもどった。[*14]

「婆」とはこの「土佐源氏」の妻のことである。そして次のように続く。

わしは伊予へ帰ってまたばくろうになった。それからのわしはこれはと思う女をみかもうた。昔の庄屋のおかたにまで手をつけた。[*15]

一センテンス「昔の庄屋のおかたにまで手をつけた」とあるだけであって、もう一つの元庄屋の県会議員の「おかた」との逢瀬は、初出時のハナシには存在しないのである。そして、この元庄屋の県会議員の「おかた」との逢瀬は、一九五九年（昭和三四）一一月三〇日発行の『日本残酷物語第一部　貧しき人々のむれ』に「土佐檮原の乞食」として改題して加筆し所収するにあたり、はじめて登場する。初出の月刊誌『民話』第一一号が一九五九年（昭和三四）八月一日発行で、加筆された『日本残酷物語 第一部 貧しき人々のむれ』の発行が同年一一月三〇日であるから、早くも約四ヶ月後である。そして、この『日本残酷物語 第一部 貧しき人々のむれ』所収の「土佐檮原の乞食」を、タイトルだけを「土佐源氏」に戻して、『忘れられた日本人』に所収したのが、現在よく知られている「土佐源氏」ということになる。

「土佐源氏」に限っていえば、その加筆原稿の発表までにわずか四ヶ月間しか期間がないということを考えたとき、それが加筆ではなく削除であった可能性も考えられる。どういうことかというと、もともとあった原稿が『日本残酷物語 第一部 貧しき人々のむれ』の「土佐檮原の乞食」で、月刊誌『民話』が三〇枚の枚数制限であるために、大幅に削除して掲載したのが月刊誌『民話』の「土佐源氏」であったのではないか、ということである。ここでは発表の時間的順序にそって、最初の原稿が月刊誌『民話』の「土佐源氏」で、それに加筆したのが『日本残酷物語 第一部 貧しき人々のむれ』の「土佐檮原の乞食」であった、といちおう考えておくが、そのような可能性も考えられるということである。

それでは、この加筆の内容であるが、表現上も含めて、大きな加筆が行なわれている。

まずは、官林署の役人の「嫁さん」との別れの場面である。

それからなァ、四、五回もおうたじゃろうか。わしはこの人に迷惑をかけてはいかんと思うて、しかしこの土地にいるかぎりはとても縁のきれるものではないと思うて、この人にも内緒、婆にも何にもいわんで、四年目にまた雪の降る道を伊予へもどった。わしは一代のうちにあの時ほど身にこたえたことはなかった。半年というものは、何をして暮したかもおぼえておらん。気のぬけたように、暮したのう。何べん峠の上までいったかわからん。婆にも逢うのがいやで、半年ほどはかくれておった。半年ほどたつと、やっとこらえられるようになった。*16

月刊誌『民話』第一一号の初出時の「土佐源氏」では淡々と語られた別れが、ここでは、悲壮感ただよう別れの情景としてえがかれている。そして、初出時ではワンセンテンス「昔の庄屋のおかたにまで手をつけた」とだけ語られた、元庄屋の県会議員の「おかた」との逢瀬についてのハナシが、次のように続く。

わしはそれからまたばくろうになった。それからのわしはこれと思う女をみなかもうた。しかし、あの嫁さんのような人にはあわだった。いや、一人あった。話してええかのう。あんたほんとに女にほれたことがありなさるか。まえをなめたことがありなさるか。わしゃァ、この話はいままでだれにもしたことはないんじゃ。死ぬるまで話すまいと思うておった。あの人にすまんで……。人に話されんような話がわしにもあるかって?あるくらいな、しかしの、わしが死んでしもうたらだれも知らずじまいじゃ。[17]

つなぎの文章さえも初出時とは大きく異なっている。濃厚な性愛を予感させるつなぎである。そのうえで、はじめて、次のようなセンテンスを手はじめに「おかた」との物語に入っていく。

わしは庄屋のおかた（奥さん）に手をつけてのう。旦那は県会議員をしておって、伊予の奥ではいちばんの家じゃった。[18]

「土佐源氏」をして「土佐源氏」たらしめている重要な二つの女性遍歴のハナシ、特に、濃厚な性愛が語られる二つめの「おかた」との逢瀬については、初出時の「土佐源氏」には存在しなかった。それが、『日本残酷物語　第一部　貧しき人々のむれ』における加筆によって語られることになっていた。「土佐源氏」も「女の世間」がエロ話の例を増やしたのと同様であった。濃厚な性愛とでもいうべき女性遍歴のハナシを増やすことによって、これも、論理的展開ではなく、読者の感性にうったえかけ、「土佐源氏」の「土佐源氏」たるゆえんをおのずとすりこませてしまう方法である。

そして、これもあとで再論するが、「土佐源氏」のフィールドノートも残っていなかった。宮本自身がみずからいうように、このハナシも宮本がその記憶によって、かつてのフィールドから再構成したハナシであった。『忘れられた日本人』のハナシは、それぞれについて、フィールドノートの記録があろうがなかろうが、それによって内容が左右されることはなかったのであろう。

宮本がその感性をフィルターにして語りたいハナシをならべ、それを理屈抜きで読者の感性にすりこませる、それが『忘れられた日本人』のハナシ集であった。

2 民話論と宮本常一のハナシ

月刊誌『民話』の課題

初出からの加筆についてみたところで、次は、『忘れられた日本人』のハナシ合計一三本のうち一〇本の初出誌であった月刊誌『民話』とはどのような雑誌であったのか、それを確認してみよう。宮本は月刊誌『民話』の編集委員でもあった。単なる寄稿者の域をこえて、この雑誌に深いかかわりを持っていた。編集委員をもつとめているとすれば、この雑誌の目的をいちおうは理解してその原稿を書いていたはずである。

すでに述べたように、月刊誌『民話』は、民話の会がその機関誌として、一九五八年(昭和三三)一〇月一日創刊、満二年間合計二四冊を刊行して、一九六〇年(昭和三五)九月一日第二四号をもって休刊(事実上廃刊)した雑誌である。「発行所」は未來社、「編集兼発行人」は未來社の創業者・社長であった西谷能雄《にしたによしお》(一九一三-九五)である。民話の会は、よく知られているように、民話劇

『夕鶴』の作者木下順二をはじめ文学・文献史学・教育者などにより一九五二年（昭和二七）に発会した。木下の『夕鶴』は、月刊誌『民話』の「発行所」となった未來社と深いかかわりあいがあり、未來社の創業者・社長西谷能雄がその一九五一年（昭和二六）の創業に際して、木下の『三角帽子』、山本安英《やまもとやすえ》（一九〇二―一九三）の『歩いてきた道』とともに出版した最初の刊行物でもあった。[19]

月刊誌『民話』は、その創刊号巻頭の「創刊の辞」を「新しい日本文化のために」と題して次のようにいう。

まず民話を、スプートニクの飛んでいる現代と切りはなさずに考えるという姿勢を持つこと。しかしそのためには、古い伝統、文化遺産としての民話を一方で十分大切にあつかうことが忘れられてはならないだろう。同時にまた、民話というものの内容をいたずらに狭く考えないこと。そしてそのためには、文化全般に対する広い視野の中に民話を置いて眺める態度が忘れられてはならないだろう。さらに民話についての厳密な民俗学的・歴史学的研究が重要であるのとともに、民話的精神や民話的心情、民衆の知恵の結晶としての民話、そういう面へのせん細な柔軟なそして鋭い理解と感覚も、また忘れられてはならないだろう。[20]

スプートニクとは、一九五七年（昭和三二）から翌年にかけて、ソ連が三回にわたり打ち上げた人工衛星のことであり、当時の科学の最先端を意味する修辞句である。月刊誌『民話』の目的は、伝統的民衆文化としての民話を現代社会に活かすことにあった。民衆的世界の現代的再生とでもいうべき課題を、民話に集中させて具現化、また、民話を象徴として表現しようとしている。民話をして、このような現代的再生を行なわしめようとすること、それを目的とすることは、画期的試みといってよかっただろう。しかし、そこには飛躍もみられた。

たとえば、創刊号の最初は、「シンポジウム日本人」と題して、木下順二と、批評家の加藤周一《かとうしゅういち》（一九〇八―二〇〇八）・経済学者の内田義彦《うちだよしひこ》（一九一三―八九）・文献史学者石母田正《いしもだただし》（一九一二―八六）による対談である。内容は近代化・日本語・技術論など多岐におよび、それらを通しての日本人論を目的とする。その基調報告で木下が指摘するのは、「後進国」日本が近代化をすすめたために、それが持つヨーロッパ的性格とアジア的性格との混在、そして、その混在にひそむ矛盾の摘出の必要性であった。

> 日本の中に（自分の中にといってもいいが）いわゆる西欧的なものと、いわゆるアジア的なものとが混在していて、どうも自分でもとまどってしまうところがある。（中略）後進国の近代化が含む矛盾を、自分はどう受けとめるかという問題。（中略）われわれの場合はしばしばヨーロッパ的素養のおかげで、とまでいわなくとも自分の中に西欧的なものが混在してるおかげで、また文化が混在してるおかげで、問題の考察を逆に散らしてしまうということがしばしばあるように思います。*21

「後進国」の近代化過程のなかで日本人および日本文化をとらえようとしている。

月刊誌『民話』の創刊号の最初におかれた対談「シンポジウム日本人」とはこのような課題意識によっており、雑誌の名称こそ『民話』であっても、実は、この「シンポジウム日本人」には民話についての議論は登場しない。月刊誌『民話』は、民話の採録、民話研究、また、「再話」といわれる創作活動により、民話を扱うとはいえ、他の文化現象をも含めて、日本人および日本文化の解明を現代的課題として行おうとしていた。実際には、月刊誌『民話』は、タイトルとしては民話を冠しながらも、その内容についていえば、多様な日本人論・日本文化論、また、このあと述べるようなサークル運動論・民族文化論などのなかの一部分として民話を扱うにすぎなかった。

月刊誌『民話』の民族文化論

このような視野のなかで、民話の会とそれを発刊する月刊誌『民話』は、民話を現代社会のなかで理解し再生させようとしていた。

彼らは民話じたいに中心目的をおいたのではなく、月刊誌『民話』の創刊号の巻頭「シンポジウム日本人」に民話が登場しなかったように、それはあらかじめ結論の用意された活動における、素材のひとつでもあった。

月刊誌『民話』には、民話とは無縁な内容の、進歩的文化人とでもいうべき人たちの対談・評論が多い。たとえば、第四号（一九五九年一月一日）の巻頭対談、小説家埴谷雄高《はにやゆたか》（一九〇九－九七）・政治学者丸山真男《まるやままさお》（一九一四－九六）「現代の政治的状況と芸術」は、民話とも民衆ともまったく無縁で、高踏的な演劇・文学批評にしかすぎない。第五号（一九五九年二月一日）の巻頭インタビュー、政治学者藤田省三《ふじたしょうぞう》（一九二七－二〇〇三）の「大衆崇拝主義批判の批判」、第六号・第七号（一九五九年三月一日・四月一日）の巻頭インタビュー、社会学者日高六郎《ひだかろくろう》（一九一七－）の「大衆論の周辺」、第九号（一九五九年六月一日）の巻頭批評論文、詩人谷川雁《たにがわがん》（一九二三－九五）の「観測者と工作者」は、具体的な民衆・大衆の姿がまったく登場せず、彼らが勝手に作り上げた観念的な民衆・大衆像によって語られる。仮に、彼らの議論に民話が登場したとしても、そのサークル運動論、民族文化論のなかに抽象的な形で解消されるにすぎなかっただろう。

もちろん、『民話』というタイトルの雑誌であるから、こうした議論のなかにも、民話を素通りして観念的な議論に終始するのではなく、民話を扱いつつ、それを現代政治とかかわらせながら民族文化論として展開しようとする議論もある。たとえば、第一六号（一九六〇年一月一日）に発表された編集委員でもあった西郷竹彦の「民話――民族の心の歴史」は、ウクライナの小がもの民話を扱い、それをウクライナの「民族の心の歴史」と評価する。この小がもの民話は、おじいさんとおばあさんが傷ついた小がもを助け、その小がもが娘の姿になって彼らのもとにくるが、やがて小がもの姿に戻り大空へ飛び去っていくという話で、動物報恩譚《ほうおんたん》のひとつである。しかし、西郷竹彦によると、この小がもの動物報恩譚が、東西からの侵略がくりかえされたウクライナの民族文化として高く評価される。

征服者たちは、あらゆる方法で、民族意識の芽生えを圧しつぶそうとしました。ウクライナの支配階級は、征服者の前にひざまずきその権勢に媚び、民族の魂さえ失って、ウクライナ語を語ることすら恥じるという有様でした。(中略)ウクライナの歴史は、民族の悲劇の歴史といえるでしょう。(中略)このような「民族の牢獄」のなかで、ウクライナの誇りと文化は自分自身の言葉を語りつづけてきた民衆によって、まもりぬかれてきたのです。民衆は、その歌や、民話のなかに、民族のかなしみやいかりを、こめてきました。*22

小がもの民話が悲劇的民族の民族文化と断定的に評価されている。しかし、たとえば、動物報恩譚とはそもそも何なのか、そうした問いかけはなされていない。

こうした評価こそが、月刊誌『民話』と発行母体であった民話の会の、目的であると同時にあらかじめ用意された結論でもあった。現在の読者が、動物報恩譚に対するこうした民族文化また民族意識の発現としての評価を読むと、その断定的なもの言いに違和感さえ覚えるであろう。

一九五二年(昭和二七)に発会した民話の会の「会則」の第二条は次のようにいう。

この会は、民族の遺産である民話を中心とし、民族の文化について、お互の理解を深め、

> それらの普及と新らしい発展をはかることを目的とする。[23]

民話を民族文化としてとらえること、それが民話の会にとって、所与の前提であった。民話を民族文化としてとらえることができるかどうか、そうした分析をあらかじめ欠いたままで、そこから議論を立てようとする、それが出発点にあった。

それは、月刊誌『民話』創刊以前に刊行された、民話の会の総論書とでもいうべき民話の会編『民話の発見』（一九五六）に発表されたマルクス主義文献史学者松本新八郎《まつもとしんぱちろう》（一九一三―二〇〇五）の「民族文化としての民話」をひもとくだけでも充分であろう。たとえば、松本は百姓一揆の指導者佐《さ》倉《くら》惣《そう》五《ご》郎《ろう》伝説にふれて、次のようにいう。

> この民話の発生の仕方は私たちに何を教えていましょうか。それは民話がかならず一定の闘いのなかで伝説として生まれ、それがひろがることによって民族的なものに成長するということ。またそのためには物語がひろがって、行く先き先きの土地に根をおろせるように、同じような歴史的社会的条件が必要であること。物語のひろがりという量的な発展が物語の内容を質的に変えながら、新しい民族民話が作られる、ということを示してはいないでしょうか。[24]

佐倉惣五郎伝説をとりあげながら、民話が民族文化としてのみならず、民族的な人民闘争として位置づけられている。これが論証されていたならばよいが、そうではなく、具体的かつ論理的論証を欠き、仮定として留められるべき内容が、あらかじめ結論としてア・プリオリに設定されている非科学的態度であった。

月刊誌『民話』に発表されたいわゆる進歩的文化人たちの民衆・大衆とも無縁な観念的議論と、こうした民話に対する民族文化としての断定的評価、それは通底していたことだろう。すくなくとも、彼らは、それらにより、彼らのいうところの民衆・大衆からは乖離している。

木下順二の民族文化運動

民話を民族文化としてとらえようとする方向性は木下順二にも強い。一九五五年（昭和三〇）四月七日から九日にかけて『東京新聞』朝刊に連載した「民話の世界」というエッセイのなかで、次のようにいう。

> 戦争中から日本の民衆の中に芽ばえていた芽が、敗戦十年後の今はつきりと伸びつつある。それまで大部分の民衆が、これこそたよるべき「権威」であると思つてきたものが敗戦によつて崩れた際、民衆は一時ぼう然とした。しかしそのぼう然さから自分をとりもどそうとした時には、崩れさつたと思われたあの「権威」との微妙なつながりにおいて、すでに別のあ

る力が民衆をおさえていた。ひとくちにいえば「植民地的現実」という壁である。そしてこの壁とぶつかる時、一面ではそれと激しく闘いながら、同時に民族のこころのふるさとへと民衆が志向するのは当然だろう。（中略）そしてその志向は、上からの、あるいは外からの「権威」にたよらず、民衆自身の中から新しい力を生み出していこうとする意欲をその中にこめている。その意欲が全国のサークル活動の中で、はっきりと今のびて来つつある。*25

木下がいうには、民衆は「植民地的現実」にあるという。その言葉は、一九四五年（昭和二〇）アジア太平洋戦争敗戦によってGHQによる占領下に置かれたという事実にとどまらず、一九五二年（昭和二七）サンフランシスコ講和条約が発効したのちも、同時に発効した日米安全保障条約の政治・社会的効力を示唆しているのであろう。また、社会・文化全体のアメリカ化とでもいうべき現象も視野に入っているものと思われる。「植民地的現実」のなかで、民衆が新たなる民族文化を形成しようとしているという。

木下は次のように続ける。

民話劇の創造は、もしそこですぐれた作品がつくり出されるなら、過去代々の民衆を現代の民衆との合作の契機、合作によつて新しい日本の文化をつくり出して来る契機になるはずのものだということがいえるだろう。*26

木下の代表作『夕鶴』（一九四九年発表・初演一九四九年）をはじめ、『彦市ばなし』（一九四六年発表・初演一九四八年）、『狐山伏』（一九四七年発表・初演一九五三年）[*27]、『三年寝太郎』（一九四七年発表・初演一九五三年）、『おんにょろ盛衰記』（一九五七年発表・初演一九五七年）[*28]などの民話劇は、一九四七年（昭和二二）に木下・山本安英などによって結成されたぶどうの会によって上演されていた。木下にとってみれば、こうした民話劇の創作と上演活動が、「植民地的現実」のなかでの、新しい日本の民族文化形成のため創造的運動としてとらえられていた。

　木下にとって、民話劇の創作と上演活動は、民族文化運動であった。こうした志向は現代劇にもあらわれている。『オットーと呼ばれる日本人』（一九六二年発表・劇団民芸初演一九六二年）[*29]は、これら民話劇よりもすこしあとの時期、一九六〇年代に入ってからの作品であるが、オットーというコードネームで呼ばれるひとりの日本人を主人公とする。オットーのモデルは尾崎秀実《おざきほつみ》（一九一〇—四四）。リヒャルト・ゾルゲ（一八九五—一九四四）などとともに、ソ連に日本の機密情報を通報した疑いにより一九四一年（昭和一六）のゾルゲ事件で逮捕され刑死した。『オットーと呼ばれる日本人』は、共産主義者ゾルゲをモデルとするジョンスンという外国人をコスモポリタンな無国籍者としてえがく。これに対して、オットーと呼ばれる日本人の共産主義者は、日本を強く意識する人間としてえがかれる。スパイ活動として実践されたその反戦活動は、愛国者であるがゆえであった。

　そのエンディングで、木下はオットーに次のようにいわしめている。

ぼくのこれまでの行動について、一つだけぼくにいえることは——ぼくは、オットーという外国の名前を持った、しかし正真正銘の日本人だったということだ。そして、そのようなものとして行動してきたぼくが、決してまちがってはいなかったということ、そのことだ。*30

木下の演劇活動は、その民話劇を含め、みずからにおいては、日本の民族文化運動としてとらえられていた。それはそれとして、アジア太平洋戦争敗戦後の文化運動として位置づけられるべきであろう。しかし、あくまでそれは、木下たちの民族文化運動なのであって、民話の会や月刊誌『民話』が声高に語るような、民衆・大衆にとっての民族文化（あるいは現代民衆文化）に成りえていたかどうかについては、別次元の問題である。

彼らは、みずからの民族文化運動を、そのままスライドさせて、あたかも民衆・大衆の民族文化であるかのような自己評価を下してしまっていた。無意識であったのか、意識的なすり替えであったのか、それを読み解くことはできないが、彼らのなかに、このすり替えがあったがゆえに、実際は彼らのいう民衆・大衆とは乖離していながら、それを民衆・大衆の民族文化として語る空中楼閣が成り立っていたものとも思われる。

イ・スターリン「言語学におけるマルクス主義について」

このような民話の会と月刊誌『民話』における民族文化運動としての性格は、当時、歴史学研究会を中心とするマルクス主義文献史学者の史観とも連動していた。一九五〇年年代前半のマルクス主義文献史学者の中心的課題のひとつに民族があった。[*31]

民話の会および月刊誌『民話』もそうであったが、日本語として多義語である「民族」を、民族的（ethnic）あるいは民族性（ethnicity）という超時代的な文化概念でとらえるか、それとも、民族・国民（nation）という近代的国家概念でとらえるか、はたまた、人種・民族（race）という一般的意味とするか、さらには、民俗・民族的伝承文化（folk）として近代社会が内省的にとらえなおした自に、「民族」文化ととらえるか、あるいは、これらを混淆させてとらえるか、それらがあいまいなままに、マルクス主義文献史学者たちは「民族」を氾濫させる。それをリードしたのは、歴史学研究会と当時その主要メンバーであった石母田正であり、石母田の『歴史と民族の発見』（一九五二）〔翌年続を刊行〕はその指導書とでもいうべき性格を持っていた。

そして、そのマルクス主義文献史学者たちの民族論に大きな影響を与えたのは、日本共産党の中央機関誌『前衛』第五一号（一九五〇年八月）に日本語訳されて発表されたイ・スターリン（一八七九―一九五三）[*32]の論文「言語学におけるマルクス主義について」であった。このイ・スターリンの「言語学におけるマルクス主義について」は、言語は上部構造として認識されているが土台か上部構造かという問いかけに対する論文であり、その回答は、言語は上部構造ではなく、それと混同することはできないとする。その上で次のようにいう。

歴史が示すところによれば、これらの種族やナロードノスチ（民族）の言語は、階級的なものではなく、全国民的なものであり、種族、民族にとって共通な、彼らに理解できるものである。もちろん、これらの言葉とともに地方の方言もあったが、種族やナロードノスチ（民族）の単一かつ共通の言語がそれに優越し、それを従属させた。（中略）歴史が示すところによれば、民族語は階級的なものではなくて、全国民的言語であり、民族にとって共通な単一のものであった。*[33]

言語とはひとつの民族にとって、超時代的かつ超階級的な文化であるとされている。マルクス主義的にいえば、社会構成体の発展段階を超越する民族文化として言語がとらえられている。あえていえば、このイ・スターリンにおける言語理解は、言語と民族を、民族的（ethnic）あるいは民族性（ethnicity）という超時代的な文化概念として理解しようとしている。

石母田正『歴史と民族の発見』の民族論

石母田『歴史と民族の発見』は一九五二年（昭和二七）三月五日刊行であったから、一九五〇年（昭和二五）八月の『前衛』第五一号の日本語訳イ・スターリン「言語学におけるマルクス主義について」からすれば、約一年七ヶ月後の刊行である。しかし、石母田『歴史と民族の発見』のなかで、もっとも積極的に民族を論じた「歴史学における民族の問題」という論文は、最初、一九五〇年（昭和二五）九月に民主主義科学者協会東京支部のシンポジウム「言語・民族・歴史――スターリンの言語論を中心として」で報告した発表原稿をもとに加筆したものであり、[*34]その原型は、イ・スターリン「言語学におけるマルクス主義について」の翌月に発表されていた。石母田は、イ・スターリン「言語学におけるマルクス主義について」に対して、その発表直後に反応していた。

石母田『歴史と民族の発見』の「歴史における民族の問題」は、その冒頭で次のようにいう。

本日のシンポジウムは、最近発表されたスターリンの『言語学におけるマルクス主義』を中心として討論がおこなわれることになっております。したがって言語学が問題の中心になることはいうまでもありませんが、しかしこの論文のもつ意義はたんに言語学だけにかんするものではないというところに問題があり、それは社会科学の他の部門、ことに歴史学にとって重要な意義をもつものといわねばなりません。またこの論文は、歴史学の理論にたいしても多くの問題を提起しておりますが、私はここで歴史学における民族の問題をそこからとりあげたいとおもいます。その理由はつぎの点にあります。戦後の数年間のわれわれの歴史においての根本的な変化は、帝国主義にたいする日本民族の隷属の傾向が明確になってきたこと、日本民族の生存と進歩は民族の独立を達成することなくしてはあり得ない情勢になってきたことにあります。*35

イ・スターリン「言語学におけるマルクス主義について」が『言語学におけるマルクス主義』となり、タイトルに若干の違いがあるが、石母田の民族論は、このイ・スターリンの論文を起点として、その言語論を民族論に拡大させて展開していた。サンフランシスコ講和条約発効(一九五二年四月二八日。同日日米安全保障条約発効)によるGHQ占領の終了以前、日米安全保障条約発効を前にして、ソビエト共産党書記長、首相イ・スターリンの権威に拠りつつ民族論の重要性を説いていた。

さきにみた木下の言葉を借りれば、石母田たちマルクス主義文献史学者たちの民族論は「植民地的現実」の克服を目的としていた。しかし、その克服は、イ・スターリンの権威を後ろ盾にした主張にしかすぎなかった。

そして、その民族についての理解は次のようなものであった。石母田は『歴史と民族の発見』のなかで次のようにいう。

フォルクロールや民謡は、時代により、また段階によって成長もし、形もかえ、内容もちがってきます。しかしそれは、政治や制度や社会組織と比べればもちろんのこと、支配階級の文化や思想の変化や発展に比べても、動かないと見えるほどひじょうに転変ののろいものであります。それは時代々々の文化を花にたとえれば、土壌にちかいものといってよいと思います。このようなフォルクロールを生みだしてくるのはいうまでもなく名もない大衆であり、その集団である。その大衆や人民といわれるもの、あるいはこれらの民衆の労働こそが、段階と段階、時代と時代を一つの鎖につないでゆく地盤を形成しております。この大衆こそが民族なのではないでしょうか。[*36]

石母田によれば、民族文化とは、彼らのいう民衆・大衆の「土壌」にある文化、超時代的な基層文化であった。イ・スターリンが「言語学におけるマルクス主義について」で、言語を超時代的かつ超階級的な民族文化とした主張と重なりあう。イ・スターリンの「言語」を石母田の「民族」と置き換えれば、同様の内容となろう。

石母田は次のように続ける。

封建的民族、ブルジョア的民族、社会主義的民族という分離や区別は絶対に必要なことで、それがなされないでただ民族という社会的集団をもちだせば、それは観念的なものになり、無内容になります。(中略) 時代や段階をそれほどはっきりしない民謡やフォルクロールについて歴史家の関心を向けることは、民族というものを前面にだすばあい、現在われわれにとってとくに必要ではないかと思います。[*37]

石母田によれば、「封建的民族」「ブルジョア的民族」「社会主義的民族」のように、発展段階の異なる社会構成体においてそれぞれ民族は存在することになるらしいが、その基層文化に「民謡」「フォルクロール」という民衆・大衆の民俗的な民族文化が存在するという。社会進化論として発展段階を重視するマルクス主義文献史学の社会構成史が、超時代的に貫く基層文化を認めてよいのかどうか、そこには、明らかな認識論的かつ方法論的矛盾がある。しかし、それはイ・スターリンの権威によって担保されていたのであろう。マルクス主義的社会構成史に、通俗的基層文化論を組み合わせた、安易な折衷にしかすぎない議論であった。

この石母田の民族論は、人文科学でときどき通俗的に登場する基層文化論ともいえ、また、現在ではかえりみられることすらなく論拠のないままに氾濫した柳田民俗学および柳田系民俗学の超時代的かつ超階級的な「常民」＝「常民性」観念とも通じる。いずれにせよ、超時代的かつ超階級的な基層文化論のなかに民族を位置づけようとする認識が氾濫するなかにそれは存在していた。

そして、イ・スターリンに拠ったこの石母田の民族論は、すでにみてきた民話の会および月刊誌『民話』、さらにその中心にいた木下順二の民族理解とも通底していた。民話を民族文化として再構成しようとする方向性がそれである。木下たちは、民話を近現代社会に衰退していく文化としてとらえ、そうであるがゆえに、民話劇を創作し、また、「再話」とよばれる創作民話を作り上げなければならないとしていた。それは、イ・スターリンや石母田のような、安易な基層文化論とは若干の異相をみせるが、彼らのいう民衆・大衆文化をして民族文化としてとらえる視点は同じであった。

マルクス主義文献史学と民話論

実際に、民話の会と月刊誌『民話』は、石母田などのマルクス主義文献史学者と密接なつながりを持っていた。すでにみたように、『民話』創刊号の「シンポジウム日本人」は、木下および内田義彦・加藤周一と石母田による対談であった。また、マルクス主義文献史学者のなかでは、松本新八郎と松島栄一《まつしまえいいち》（一九一七―二〇〇二）とのかかわりあいが強い。松本は、民話の会編『民話の発見』（一九五六）に、すでにみた「民族文化としての民話」および「鶴女房の話によせて」を、松島は「能様式による『夕鶴』について」を発表している。松島は、月刊誌『民話』の第八号（一九五九年五月一日）・第九号（一九五九年六月一日）に「『荷車の歌』をめぐって」を連載し、山代巴《やましろともえ》（一九一二―二〇〇四）の『荷車の歌』（一九五六）および映画化（一九五九年山本薩夫監督・新東宝）されたそれを批評し、農村の封建制をリアルにえがいたその内容と山代のサークル運動を高く評価している。

マルクス主義文献史学内部でも、民話および民謡を民族文化としてとらえようとする史観は本格的であった。この時期、マルクス主義文献史学をリードした歴史学研究会の一九四九年（昭和二四）の大会テーマは「各社会構成における基本的矛盾とは何か」であった。原始・古代社会、封建社会における「基本的矛盾」を、資本主義社会では「一般的危機」をとらえ、その止揚のなかで「歴史の発展過程」をとらえようとしていた。この大会報告集は『世界史の基本法則』（一九四九）というタイトルで刊行されたために、このタイトルの方が現在では知られている。そして、翌々一九五一年（昭和二六）の大会テーマが「歴史における民族の問題」、一九五二年（昭和二七）のそれが「民族の文化について」であった。マルクス主義文献史学をリードしていた歴史学研究会は、この時期二年連続して民族および民族文化を重要課題としていた。

一九五一年（昭和二六）の大会は、古代・中世史が階級構成のなかに民族の形成を、近代史が日本と中国のナショナリズムを論じていたために、文化面への具体的論及はほとんどなかったが、たとえば、藤間生大《とうませいた》（一九一三―）の「古代における民族の問題」は、古代における日本民族の形成過程を、専制的な支配階級による、生成されてきた「フォルク」抑圧過程とみる。そして、「フォルク」を「ナチオン」の前史、原型として位置づけて、次のようにいう。

ナチオンは資本主義以前になかった。こういうようなことをいうのは必要ではありますが、現在の段階においてはむしろ以前に民族はなかったというよりも、以前あったフォルクというようなものの構造変化としてナチオンをつかまえることが必要ではないか。ただ無から有が出てきたというより、以前あったフォルクというものが構造変化を遂げてナチオンに変化をした。[*38]

具体性を欠く抽象的議論ではあるが、イ・スターリンが言語と民族を超時代的な文化概念とし、それを承けた石母田が「民謡」「フォルクロール」に民族の基層文化をみたような、歴史性を無視した民族文化論として展開したのに対して、藤間のばあいは、前近代的な民族文化としての「フォルク」と近代的な「ナチオン」とを区別して、前者の発展形態として後者が形成されるという、歴史的な民族文化論を展開している。なお、藤間は、同年、氏族社会の解体から律令体制による古代国家形成過程のなかに、日本民族の形成を概観した『日本民族の形成』(一九五一)をまとめている。

そして、翌一九五二年(昭和二七)の歴史学研究会大会「民族の文化について」は、具体的な文化事象からテーマをとりあげ、民族文化論を展開する。なかでも、杉山博《すぎやまひろし》(一九一八－八八)の「室町小歌について」と、民話の会の編集委員でもあった吉沢和夫の「民話についての若干の問題」は、民話の会および月刊誌『民話』と、明らかに重なりあう。杉山の「室町小歌について」は、平安末期から流行してきた小歌が室町期の謡曲・狂言に採用されている例をとりあげつつ、「名人たちが民衆とともに民族の文化として、つくりあげたいことを意味しております」という。[*39] 小歌という民衆文化が民族文化として発展しているという評価であった。吉沢の「民話についての若干の問題」は、民話の特徴を整理しつつ紹介する内容であるが、民話は民衆が集団で創造してきた現実的な物語であるとして、もっとも強調するのが、その性格が〈明るく〉肯定的であるということにあった。もっとも多く紹介されるのは、九州の吉四六《きっちょむ》話であり、特殊例にすぎるとも思われるが、ほかに紹介される異類婚姻譚《いるいこんいんたん》も異類婚姻譚そのものとして分析されることはなく、階級関係の物語に解消されている。

吉沢は次のようにいう。

民話には暗い絶望的なものがほとんどない、全くないとまでは申しませんが、あっても非常に数が少いということです。（中略）現実には耐えがたいような苦しい無権利な生活というものを強制されておりながら、民話に表現された世界はふしぎに明るく楽天的なのでありま す。[*40]

何を根拠に、民話を〈明るい〉と評価できるのか、単なる観念的な思い込みにしかすぎないと思われるが、そうした評価のうえで、吉沢は、「こうした民話を今日新しい民族文化をつくって行く中で、いかに継承し、いかに生かして行くか[*41]」が重要であると主張してしめくくる。

民話を民族文化としてとらえる、あるいは、それを発展させて民族文化とする、という史観は、石母田正だけではなかった。この時期のマルクス主義文献史学、より正確にいえば、特定の党派性をもったそれに共通していた。そして、それは民話の会および月刊誌『民話』と、人的交流をも含めて、連続していたといってよいだろう。

宮本常一のハナシと木下順二の「再話」

『忘れられた日本人』の原型、「年よりたち」の一〇回にわたる連載は、このような性格を持つ民話の会の機関誌『民話』に発表されていた。といっても、宮本が、彼ら民話の会および月刊誌『民話』の指導者たち、また、マルクス主義文献史学と同質のレベルで、民話をそのようなものとして考えていたのでもなく、『忘れられた日本人』がそうした性格を持っていたのでもない。肩ひじ張ってこれこそが日本の民族文化であると主張し、『忘れられた日本人』が完成されたわけでもない。さらにいえば、木下のいう「植民地的現実」に対して、日本の民族文化を再認識・再構成したいがためであったわけでもない。

宮本の『忘れられた日本人』は、宮本が月刊誌『民話』の編集委員であったとしても、明らかに、民話の会および月刊誌『民話』、さらには、マルクス主義文献史学の民話論とは異なっていた。

なんといっても、宮本が「年よりたち」として月刊誌『民話』に一〇回連載し、『忘れられた日本人』で完成させるハナシ集は、民話ではなかった。民衆が伝承してきた物語としての民話を採録したのではなく、宮本がそのフィールドワークのなかで行なってきた観察と聞き書き、つまりは宮本自身の体験をエッセイ風にまとめたハナシであった。

とはいっても、それはルポルタージュとも異なっていた。いっぽうで、フィクション、小説でもない。宮本自身のフィールドワークに基づくから、一種のノンフィクションともいえるが、ふつう理解されるノンフィクションとも異なる。ノンフィクションは、現実から取材し、取材者・ライターの主観による再構成を行ない、問題提起また感銘を与えようとするが、事実に忠実であることを求める。しかし、宮本の『忘れられた日本人』は、事実に忠実であろうとしていないのである。すでにみたように、宮本は、月刊誌『民話』の「年よりたち」から『忘れられた日本人』へ所収するにあたり、加筆を行なっていた。そして、加筆前の「年よりたち」と加筆後の『忘れられた日本人』とでは、ハナシの内容に違いがあるだけではなく、読者が受けとることのできる印象にも微妙な変化があった。「対馬にて」の歌合戦、「女の世間」の「観音様」、そして、「土佐源氏」の女遍歴、いずれもが、初出の「年よりたち」のときと、完成形の『忘れられた日本人』とでは、そのエンディングに操作が行なわれている。ノンフィクションであったならば、あってはならない加筆のありようであった。

『忘れられた日本人』とは、もちろん民話ではなく、しかし、小説のようなフィクションでも、いっぽうで、ノンフィクションでもない、事実に基づいた構成であるとはいえ、これらのあいだで、宮本の感性が再構成したハナシ集であった。あえていえば、木下順二が実際の民話をもとにした民話劇の脚本、たとえば、鶴女房を『夕鶴』として「再話」した創作スタイルに類似する方法であったのかもしれない。

鶴女房のモチーフはそれが異類婚姻譚（また動物報恩譚）にある。よく知られた蛇婿入り・タニシ婿入り、また、柳田国男《やなぎたくにお》（一八七五―一九六二）の『遠野物語』（一九一〇）のよく知られた事例でいえば、河童や山人との異類婚姻譚などが思い浮かべられる。たとえば、河童を水神とし、山人を山神とすれば、異類婚姻譚とは、儀礼論的には、神人結婚であり、異類婚姻譚の意味は、こうした視点からとらえられるべき内容である。しかし、木下によって鶴女房が『夕鶴』として「再話」され脚本となったとき、異類婚姻譚としての内容は後景にしりぞく。異類婚姻譚はグロテクスな印象さえ与えるが、木下の『夕鶴』からそれを感じとる読者（観客）は稀であろう。

木下の『夕鶴』はアジア太平洋戦争敗戦から四年後、一九四九年（昭和二四）一月、『婦人公論』第三八〇号に発表、ぶどうの会による初演も同年であった。木下はその原型をアジア太平洋戦争中に書いていたというから、[42]木下なりの戦争に対する発信でもあった。戦時下から敗戦後にかけて、鶴女房の民話を素材として「再話」し、民話劇にまで昇華させていた。

欲に目がくらみ、鶴女房のつうからだんだんと離れていく与へうについて、つうのいう長ぜりふは胸を打つ。

与へう、あたしの大事な与へう、あんたはどうしたの？　あんたはだんだんに変つて行く。何だか分らないけれど、あたしとは別な世界の人になつて行つてしまふ。あの、あたしには言葉も分らない人たち、いつかあたしを矢で射たやうな、あの恐ろしい人たちとおんなじになつて行つてしまふ。どうしたの？　あんたは。どうすればいゝの？　あたしは。あたしは一体どうすればいゝの？……あんたはあたしの命を助けてくれた。何のむくいも望まないで、たゞあたしをかはいさうに思つて矢を抜いてくれた。それがほんとうに嬉しかつたから、あたしはあんたのところに来たのよ。[43]

つうに矢を射た「別の世界の人」たちを、アジア太平洋戦争に向かっていった日本社会・日本人と重ねあわせることが可能であろう。そして、その「別の世界の人」たちと同じになっていく与へうを嘆くつうに、木下がこの作品に込めたメッセージを推測できるかもしれない。

ただ、このような作品として昇華した『夕鶴』には、もはや鶴女房のもつ異類婚姻譚としての生々しさもグロテクスさもない。そこに儀礼論的意味をとらえることも不可能であろう。木下の『夕鶴』とは、民話に取材しているとはいっても、あくまで木下の作品なのであり、もとの民話からは大きく変容を遂げている。『夕鶴』に代表される木下の民話劇、「再話」とは、民話そのものではなく、木下色による再構成であった。

宮本の『忘れられた日本人』の方法は、その方法論に限っていえば、この木下の「再話」の方法と同じであった。

宮本のばあいは、その原型は民話ではなく、みずからのフィールドワークにおける観察と聞き書きである。したがって、原型はノンフィクションである。しかし、宮本は、そのノンフィクションとしての原型を忠実に再現しようとしていない。木下が民話を木下色によって再構成、「再話」したのと同じように、みずからの感性、宮本色によって再構成しようとしていた。みずからが取材した観察と聞き書きを、木下のように「再話」したのが、宮本の『忘れられた日本人』におけるハナシであった。

ただしそのとき、宮本には、木下たちが「植民地的現実」に対して、日本の民族文化の再構成を主張し、民話の「再話」による創造を行なおうとする姿勢はなかった。みずからのフィールドワークに基づき、そこでの観察と聞き書きを宮本色によって自然体で再構成し、ひとつひとつのハナシを語っていた。宮本の感性のままに、出会ったひとりひとりと彼らが生活していた日本社会をえがいていた。

そのような意味でいえば、宮本の『忘れられた日本人』は、民話の会および月刊誌『民話』の中心メンバー、また、その思想とは異なった実践であった。いわゆる進歩的文化人・マルクス主義文献史学は、異質な思想・実践であっても、そのときどきの都合で、他者をみずからのもとに取り込もうとする傾向がある。結果的には、『忘れられた日本人』は、進歩的文化人・マルクス主義文献史学によって、その異質性と作品の意味が自覚されないままに、民衆・大衆的であるというだけで、迎合的に許容されていただけであった。

大庭良美の生活誌

宮本の『忘れられた日本人』における、民話の会および月刊誌『民話』との異質性を明らかにしてみた。しかしいっぽうで、『忘れられた日本人』はフィールドワークのまま、観察と聞き書きに忠実であったのではない。宮本色にいろどられていた。

それを、月刊誌『民話』のなかでの、他のフィールドノートと比較しつつ、検証してみることにしよう。

月刊誌『民話』には、島根県在住のすぐれた民俗誌学者、『石見日原村聞書』(一九五五)、『家郷七十年』(一九八五)で知られる大庭良美《おおばよしみ》の生活誌的作品が連載されている。第一八号(一九六〇年三月一日）の「畑のはなし――島根県鹿足郡日原村聞書㈠」、第二一号（一九六〇年六月一日）の「日かげの村――島根県鹿足郡日原村聞書㈡」、第二四号（一九六〇年九月一日）の「身の上ばなし――島根県鹿足郡日原村聞書㈢」である。月刊誌『民話』はこの第二四号で休刊となったため、大庭の連載はこの三回で終わったが、月刊誌『民話』が継続していたとすれば、連載はそれ以上に続いたと思われる。いずれも、大庭がみずからの故郷、島根県鹿足《かのあし》郡日原《にっぱら》村畑《はたけ》およびその周辺地域での聞き書きをまとめている。といっても、項目仕立ての民俗誌的叙述ではない。ありのままに生活誌が語られる。

連載最初の「畑のはなし――島根県鹿足郡日原村聞書㈠」の最初は次のようにはじまる。

> 畑は今五〇戸でありますが昔は六〇戸ありました。その内死に断えた家が五軒ほどあります。大きな田地持ちはおらず、明治二十三年に国会が開かれた時、五百円地価以上のものでないと選挙が出来だったが、その家はこの地下《じげ》でたった一軒、水津惣左衛門だけでありました。*44

村落概観だが、大地主がひとりだけであったことが、制限選挙下の選挙権保有者として具体的に語られる。

続いて家である。

昔は大きな家にはいごきをおいておりました。いごきというのは仕事のある時雇うので仕事に来た日には食わせた上に米を四合やることでありました。夜は夕飯まで食べてかえりました。いごきは正月の十一日の仕事始めには必ず来て、みのをあむことでありました。

また大作りをする家には女中やうち男をおいていました。節期《マヽ》にはあわせを一枚、盆にはひとえものを一枚と手ぬぐい、五月には五月着物と前だれ、こし帯をやる位で金はやりませんでした。うち男は十四五位からの若い者でありました。奉公人は夜なべには米一斗位つき、縄なら四十尋《ひろ》なうことでありました。*45

在村地主また自作農上層の経営形態が民俗的慣行をも含めて語られる。そして、大庭は、それぞれの話の末尾に、その語り手、話者（日本の民俗学ではinformant《インフォーマント》のことを「話者」といってきたのでここではこの言葉を使う）を記す。たとえば、これは一九五七年（昭和三二）九三歳で亡くなった大庭の伯父の話であった。

また、他村から婿養子にきたある小作農は、その小作農の生活を次のように語る。

田地も何もないから預り（小作）ばかりしました。昔は一年中の借金を二月の節期《マヽ》に全部払うので、これは鍛冶屋代も酒代も一切払う。食う米がないようになってもこれには売って払う。五十円あれば節期《（ママ）》じまいが出来よりました。食物も米と麦を半々に入れて食べました。畠年貢が十円もいる程畠を預かって作りました。米は皆売って金にしました。頼母子をすすめてもらって四十八年ほど前にこの家を造りました。

　もうけ仕事はおもに木挽きでこれを長らくやりました。これがない時は、五月頃は田植日傭にいき蕨もずいぶん掘りました。[*46]

これは一八八四年（明治一七）生まれの男性の話である。

この大庭の叙述と宮本の『忘れられた日本人』のそれとを比較してみると、最大の違いは、大庭には会話形式がないのに対して、宮本には会話形式の叙述が多用されていることであった。すでにみた例でも、「対馬にて」「女の世間」「土佐源氏」、いずれも、会話形式の叙述が続く。それに対して、大庭の叙述はひとりひとりの語りを丁寧に再構成して再現している。大庭の感性は抑制され、語られた内容を整理し記述している。

　仮に、資料として利用しようとすれば、宮本の『忘れられた日本人』は資料としては不完全かつ不正確であるが、大庭の叙述は事実を淡々と記すことによって、すぐれたモノグラフとしての性格さえ持っている。調査項目に固定化した民俗誌ではなく、生活のありのままを叙述する生活誌においても、宮本の『忘れられた日本人』のような著者の感性が色濃く出された叙述形態ではなく、大庭のような叙述形態もあったのである。宮本の『忘れられた日本人』がすぐれた生活誌であることは疑いない。しかし、それはあくまで宮本色によっていろどられたハナシであったこと、そのことは常に確認されておかれなければならないのである。

＊1　たとえば、宮本の母方の祖父をえがいた一〇番めの「世間師(一)」は、初出時の月刊誌『民話』から内容的な加筆はないが、最初の二パラグラフがつなぎとして加筆されている。「世間師」の特長を概説する文章であるが、その前半の一パラグラフは次のようなものであった。「日本の村々をあるいて見ると、意外なほどその若い時代に、奔放な旅をした経験をもった者が多い。村人たちはあれは世間師だといっている。旧藩時代の後期にはもうそういう傾向がつよく出ていたようであるが、明治に入ってはさらにはなはだしくなったのではなかろうか。村里生活者は個性的でなかったというけれども、今日のように口では論理的に自我を云々しつつ、私生活や私行の上ではむしろ類型的なものがつよく見られるのに比して、行動的にはむしろ強烈なものをもった人が年寄りたちの中に多い。これを今日の人々は頑固だと言って片付けている」（宮本常一、『忘れられた日本人』一七九ページ）

＊2　『忘れられた日本人』二五四ページ

＊3　日記によれば、一九五八年（昭和三三）九月六日に「西郷氏よりデンワあり。『民話』編集委員をひきうける」とある。年月日からいって、創刊直前に引き受けたことになり、企画の最終段階で、木下・西郷たちによって依頼されたものと思われる（毎日新聞社・編、『宮本常一写真・日記集成　上巻』一一九ページ）。それ以前の段階での民話の会との関係は、一九五六年（昭和三一）一月二九日に木下順二とＮＨＫで対談（毎日新聞社・編、『宮本常一写真・日記集成　上巻』五一ページ）、同年四月一五日に民話の会例会に出席している程度である（毎日新

聞社・編、『宮本常一写真・日記集成 上巻』五三ページ）。

＊4 この対馬調査について、網野善彦『「忘れられた日本人」を読む』は、その冒頭で水産庁管理下の東海区水産研究所における調査の一環として実施されたと明言しているが（『「忘れられた日本人」を読む』四ページ）、これは明らかな誤りである。

＊5 宮本常一、「対馬にて――年よりたち二」二七ページ

＊6 『忘れられた日本人』二六ページ

＊7 『忘れられた日本人』二六－二七ページ

＊8 『忘れられた日本人』二六ページ

＊9 宮本常一、「私の祖父――年よりたち一」二ページ

＊10 宮本常一、「女の世間――年よりたち六」三九ページ

＊11 「女の世間――年よりたち六」三九ページ

＊12 『忘れられた日本人』一〇四ページ

＊13 『忘れられた日本人』一〇六－一〇七ページ

＊14 宮本常一、「土佐源氏――年よりたち五」、三八ページ

＊15 「土佐源氏――年よりたち五」三八ページ

＊16 下中邦彦・編、『日本残酷物語 第一部 貧しき人々のむれ』一〇六ページ

＊17 『日本残酷物語 第一部 貧しき人々のむれ』一〇六ページ

＊18 『日本残酷物語 第一部 貧しき人々のむれ』一〇七ページ

＊19 松本昌次・編、『ある軌跡――未來社三〇年の記録』二六九ページ

＊20 民話の会、「新しい日本文化のために――創刊の辞」巻頭頁（頁数なし）

＊21 木下順二・加藤周一・内田義彦・石母田正「シンポジウム日本人」七ページ［傍点・原文］

＊22 西郷竹彦、「民話――民族の心の歴史」七四－七五ページ［傍点・原文］

＊23 民話の会、「『民話の会』会則」六二ページ

＊24　民話の会・編、『民話の発見』一四－一五ページ
＊25　木下順二、「民話の世界」：四月九日第八面
＊26　「民話の世界」：四月九日第八面
＊27　菅井幸雄、「解題」、『木下順二作品集Ⅰ』二七七－二九〇ページ
＊28　菅井幸雄、「解題」、『木下順二作品集Ⅱ』二七五－二八六ページ
＊29　菅井幸雄、「解題」、『木下順二作品集Ⅷ』三三一－三四四ページ
＊30　木下順二、「オットーと呼ばれる日本人」四〇四ページ
＊31　遠山茂樹、『戦後の歴史学と歴史意識』九一－一三九ページ
＊32　イ・スターリンとはいうまでもなくスターリンのことであるが、グルジア出身のスターリンの本名はイオセブ・ベサリオニス・ジュガシヴィリである。スターリンをフルネームにすると、ヨシフ・ヴィッサリオノヴィチ・スターリンであるが、これは本来は筆名であった。『スターリン全集』全一三巻・別巻一（一九五〇－五三、大月書店）では、本名と筆名を混淆した翻訳で、「イ・ヴェ・スターリン」を使用している。そのようなことから、「言語学におけるマルクス主義について」の名前もイ・スターリンになったものと思われる。ここではこの論文の表記をそのまま使いイ・スターリンとした。
＊33　イ・スターリン、「言語学におけるマルクス主義について」七四ページ
＊34　石母田正、『歴史と民族の発見』一四二－一四三ページ、（石母田正、『石母田正著作集 第一四巻』三九〇ページ）
＊35　石母田正、『歴史と民族の発見』一〇一ページ
＊36　『歴史と民族の発見』一四〇ページ
＊37　『歴史と民族の発見』一四〇－一四一ページ
＊38　歴史学研究会・編、『歴史における民族の問題――一九五一年度歴史学研究会大会報告』一ページ
＊39　歴史学研究会・編、『民族の文化について――一九五二年度歴史学研究会大会報告』五六ページ
＊40　『民族の文化について――一九五二年度歴史学研究会大会報告』六六ページ
＊41　『民族の文化について――一九五二年度歴史学研究会大会報告』七〇ページ

＊42 菅井幸雄、「解題」、『木下順二作品集Ⅰ』二八二ページ
＊43 木下順二、「夕鶴」八四ページ
＊44 大庭良美、「畑のはなし――島根県鹿足郡日原村聞書㈠」三三ページ
＊45 「畑のはなし――島根県鹿足郡日原村聞書㈠」三四ページ［傍点・原文］
＊46 大庭良美、「身の上ばなし――島根県鹿足郡日原村聞書㈢」二三―二四ページ

第2章

事実とフィクションのあいだ

本章では「名倉談義」を中心に、
共同体としてのムラ社会の持つ様々な意味合いを考えていきたい。
そこには、事実とフィクションを自由に往復しながら
ハナシとして創出していく宮本独特の執筆スタイルが大きな意味を持ってくる。
彼が見ていた現実と理想化された社会との差異から
私たちは何を読み取れるのだろうか。

1　ムラの共通認識

「名倉談義」の世界

『忘れられた日本人』の三番めに「名倉談義《なぐらだんぎ》」という、村人の生活を座談会により再現したハナシがある。ところは愛知県北設楽《したら》郡設楽町名倉、三河《みかわ》山間部の集落であり、この地域の中心地の設楽町田口と豊田市稲武《いなぶ》町の中間に位置している。現在、名倉の周辺は植林でうっそうとしているが、山間の小盆地として、集落内には幹線道路が通り平坦な土地と水田も広がる。宮本がこの名倉を訪れたのは一九五六年（昭和三一）一〇月と翌一九五七年（昭和三二）五月であった。正確にいえば、一九五六年（昭和三一）は一〇月六日から八日までの三日間、翌一九五七年（昭和三二）は五月一三日から二一日までの八日間で、その期間に、当時七〇歳以上の男三人・女一人の合計四人による座談会がひらかれたものと思われる。*1

フィールドでの座談会の再現はあんがい難しい。ふつうフィールドワークで話者から聞き書きをするとき、調査者は一人ないしは二人程度を相手に、調査目的・内容を理解してもらいつつ、できるだけ話者に語ってもらい調査をすすめる。しかし、話者にも、落ち着いた方、いっぽう、話のはずむ方もおり、その性質によっても進行は微妙に異なる。また、調査者との信頼関係の構築度によって左右される。それでも、こうした聞き書きは、調査者と話者とのやりとり、調査者の質問と話者の回答、この往復によってすすむので、その資料化の作業はしやすい。それに対して、たとえば、四人の座談会とすれば、調査者が話題のとっかかりを提供するにせよ、四人にとっては自明視されたその地域社会の文脈のなかで会話がすすむ。その地域社会で生活してこなかった調査者は、その文脈に入り込むことができず、話がはずむほどに知らず知らずのうちにその枠外におかれ会話の内容をとることが難しくなる。ときに、調査者が進行を止めて、あらためて問い返したり、座談会出席者のうち丁寧な人が調査者に説明をしてくれたりして、なんとか会話についていくことを可能にする。

宮本は現在ではふつうに使われる録音機材を駆使して「名倉談義」を採録したわけではないだろう。しかし、座談会の聞き書きの難しさは、そうした技術的レベルにはない。座談会にひそむその会話の文脈じたいにある。現在のようなすすんだ録音機材を使えばよいというものではない。たとえば、座談会形式にせよ、そこにいる人たちに質問だけを行ない回答を求めるだけなら、ふつうの対面調査とその性格は同じである。複数の座談会出席者に、その地域社会の内在的状態を、その地域社会で共有する文脈のなかで表現してもらうことはたいへん難しい。

宮本の「名倉談義」とは、この座談会によって、地域社会で無意識のうちに共有された生活感覚を浮きぼりにした稀有な作品であった。もちろん、四人に語ってもらったという座談会は、宮本が「名倉談義」で再現した進行と内容そのままではないだろう。あのように順序立ててすすんだのではなく、座談会時に宮本の交通整理もあっただろうし、再現にあたって宮本によるハナシの再構成が行なわれているはずである。

話のとっかかりも宮本がつくったのであろう。道路の変貌からはじまる。宮本がくりかえしたこともありよく知られた出征兵士を見送る「万歳峠」の移動の話、オモヅナの脇に鳴輪をつけていた駄賃馬の話が続く。

ただひとりの女の参加者が次のように語る。

> シャランコシャランコいうての、ほんにええ音じゃった。あの音をきくと、ああ、あれはどこの駄賃馬じゃということがわかったもんでありました。はい、馬子歌はうたいましたで……。この村に駒サという上手な人がおりました。どもりで気みじかで、女房がよう言うことをきかんといって、なぐってばかりいましたが、峠の上まで来ますと、よく通る声でうたい出す。はなれていてもわが家へよくきこえます。歌がきこえはじめると、女房は湯をわかしにかかります。それが湯をわかせという合図で……[*2]。

この「駒サ」について、別の男が次のように解説する。「何一つ取柄はないが、歌だけはみんながききほれるほど上手であった……」。「人間、どんな人間でも（中略）一つは他人よりすぐれたところのあるもんです[*3]」

それを承けて女が続ける。

そりゃもう、それがのうては大した取柄もない亭主に一生つきあうてはいけんもんでありま す。女房は亭主のそれにひかれ、亭主は女房のそれにひかれるもんであります。（中略）女の ものがよければ男は女とはなれるものではありません。*4

この地域の中心地の田口へ通じる峠、出征兵士を見送る「万歳峠」は、駄賃馬の通る峠でもあった。だから、名倉の人たちにとっては、「万歳峠」は出征と戦争に関係していただけではなく、重要な交通路であると同時に、なりわいに関係する峠道でもあった。「万歳峠」は駄賃馬の通る道でもあり、歌われる馬子歌に連鎖する。そしてその代表が、現在風にいえばＤＶ男であるものの、ききほれる馬子歌を唄う「駒サ」であった。そのあと、「駒サ」を例として「取柄」の話になり、さらには、「女のものがよければ」というエロ話寸前までいく。この話題はそのあと女が生理のときにヒマゴヤ（月小屋）に入る民俗事象があったという話題に転換して、また交通交易の話に戻っていくが、第三者がこれを読むと、話は流れていくだけでその脈絡は飛躍のくりかえし、あるいは、ただの未整理であるかのような印象をうける。

しかし、この「万歳峠」→駄賃馬→馬子歌→「駒サ」「取柄」→「女のものがよければ」の連鎖は、この座談会に出席していた村人四人においては、自明視された共通認識であったのではないだろうか。その社会の文脈を知らない他者、たとえば、戦争にだけ視点をすえた他者は「万歳峠」だけに、かつてのなりわいと交通交易に視点をすえた別の他者は駄賃馬だけに、民謡にしか視点がなければ馬子歌だけに着目する。しかし、そこに生活する人たちにとっては、これらは分断された切れ切れの社会現象であったのではなく、その生活誌のなかで連続性をもって存在していた。

内なる共通感覚とでもいうべく、そこで生活する人間にとっては連鎖する生活事象の総体があった。

暗黙の了解とでもいうべき共通認識もあった。

この座談会の出席者のうちのひとり「金平さ」は、夜八時から九時ごろまで野良で仕事をするたいへんな働き者であったという。ただひとりの女の出席者が「金平さ」に向かって次のようにいう。

あんたはほんにこの村一番の働き手でありました。あんたの家の田が重一さの家の下にある。あんたが、下の田ではたらいているときに、重一さの親が、今夜は戸をたててはいけんぞ、金平さが仕事をしておるで、というて、表のあかりが見えるようにしておいた。*5

この座談会には、「金平さ」の田の上に家のある「重一さ」とその親は出席していないが、「金平さ」が夜遅くまで田で働いていると、「重一さ」の親が、その仕事がしやすいように家に明かりをともして明るくしてあげていたというのである。それを「重一さ」やその親が語っているのではなく、ほかの女が語っている。この明かりのことは、「金平さ」本人が知らないだけで、他の人々にとっては暗黙の了解であった。

「金平さ」は次のように承ける。

へえ、そうじゃったかのう。わしはまた、あの家はいつまでも夜おそうまで表にあかりをつけてくれているで、鍬先が見えるもんだから夜おそうまで仕事ができてありがたかった。*6

名倉の家々は、なだらかな山地を背後に配置され、その前面に拓けたゆるやかな谷筋に水田が広がる。家々から見てやや下段に、そのまま続いて水田が位置する。そのために、家の明かりによる夜間の水田作業が可能であったのであろう。

美談とでもいうべき物語で、宮本は「名倉談義」の冒頭で、これにたいへん感動したというが、「金平さ」が続けて話すのは、次のような一日の食事と労働であった。

そのかわり食うものもよう食うた。うまいのうまくないのと言うておれだった。はァ、一日に五へん食いましたのう。朝は三時におきました。そうしておチャノコといって、ごぜんをたべて山へ柴刈にいった。戻って来て九時頃に朝飯をたべる。これはメンツに一ぱいがきまりでありました。昼飯はひるからの二時頃で大ていい山や田でたべる。五時にはヨイヂャと言ってたべ、ヨーメシは九時でありました。ユイで田打ちをするころには、ばんの五時頃になると、番木をたたいて合図をする。そうすると皆田から上って来てヨイヂャをたべたもんです。はたらいていると番木の鳴るのが待たれたもんです。それからまた暗うなって手先が見えんようになるまで働く。[*7]

初夏から夏季の農繁期の典型的な一日を語ったものであろう。かつての農山村の労働を具体的に実感できない現代では、これを一年中のこととして教科書的にとらえてしまうかもしれないが、冬季と初春の農閑期がこうであったとは考えられず、秋季に頻繁に田に入るのは稲刈くらいであるからこの内容は秋季でもない。これについても、座談会出席者にはそれが初夏から夏季の農繁期であると自明視されていたはずで、とりたてて説明する必要のない生活事象であった。

そして、これを精農の「金平さ」が語っているがゆえに、この一日はおそらくは名倉の人たちが共通認識とする理想型、教科書的にいえばモデルであった。

地域社会の共通認識

このようなある特定の地域社会における共通認識について、その解明のための方法を、論理的な学術論文として示したのではなく、流れていく会話によって再構成したのが「名倉談義」であった。しかし、読者はこうした生活感覚から遠ざかれば遠ざかるほどに、これをただの興味深い物語として読み、それがこの地域社会における自明視された共通認識であったことを理解できなくなる。また、いっぽうでは、これが宮本がその感性をフィルターにして編集されたハナシであること、宮本色による「再話」であることを理解できなくなり、あたかも、それがまったくの実話であったとしてとらえられてしまう。

ただ、宮本がこのような座談会形式により叙述したハナシをとるまでもなく、地域社会にこのような暗黙の共通認識があったことは確実であった。もっとも、たとえば、「金平さ」自身が、みずから語った内容が、自明視された共通認識であったことに自覚的であったかどうかはわからない。〈忘れられた〉のは人間だけではなかった。人間が単独で生きていない以上、ひとりひとりは社会のなかに生きており、その社会には規範をも含めて共通認識がある。あえていえば、『忘れられた日本人』で〈忘れられた〉のは人間だけではなく、〈忘れられた日本人〉たちがそれぞれの社会で生きるためにおのずと保持していた共通認識でもあった。それぞれの社会が持っていた共通認識が記憶と記録に留まることなく消えようとしていた。宮本は、それを「名倉談義」のハナシによって実感的に理解させてくれていた。

『忘れられた日本人』以外でも、宮本はそうした事例をおしえてくれる。次のような「庶民の世界」（一九五九）に紹介されたどぶろく談義はその典型例といってよいだろう。秋田県田沢湖西岸の約一八〇〇戸の村落での話である。

ある民家にとめてもらった際、この主婦は一八〇戸の戸主の名や家族の様子をほとんどおぼえており、その性向すらわかっていた。もっとおどろくことは一戸一戸でつくっている濁酒《どぶろく》の味まで知っているのである。あまいとかからいとか、すっぱいとかいう程度のものだけれど、自分でのまなくても、何かの折に小耳にはさんだのをおぼえているのである。そして何も知らぬような顔をしてくらしている。*8

一八〇戸もの村落で、ひとりの主婦が村落の家々のことをつぶさに知り、それは各家で作るどぶろくの味にまでおよんでいるというのである。宮本がこの田沢湖西岸の村落を訪れたのはアジア太平洋戦争敗戦から約一年後の一九四六年（昭和二一）八月二六日から二七日にかけてで、秋田県の民俗学者武藤鉄城《むとうてつじょう》も同道している。泊めてもらいつつ二日がかかりで聞き書きを行ない、二日めの昼食後は出立する前にその家で寝入ってしまってさえいる。調査時の日記には「本当によい家である」と記した。*9

宮本がこの主婦とどぶろく談義をした一九四六年（昭和二一）は、六年前の一九四〇年（昭和一五）酒税法により自家醸造は非合法化されていた（現行酒税法は一九五三年の改正によったもの）。どぶろく醸造は密造酒造りであるが、酒税法からわずか六年後、また、アジア太平洋戦争敗戦直後ということもあり、どぶろく醸造はいまだ慣行として継続していたのであろう。そんななかでのどぶろく談義であった。密造酒談義であるから、おおっぴらには話せないことであり、それを宮本は聞いていた。

宮本は次のように続ける。

村の中には複雑な人間関係がある。それは男の気付いていないものが多い。また男が女に気付かれていないと思って内緒にしているような事もあるが、女たちはそれをかぎつけて事実をつきとめる。それがうわさとして表面に出ることもあるが、大半はただお互が知っているというだけでだまってくらしている。

そういう話をきかされてひそかにおどろいたのであるが、それだけのことを知っていてしかもだまっていなければ、いろいろの摩擦をおこすことになる。[*10]

暗黙の了解としての人間関係があるというのである。それは家と家との関係もあろうし、個人対個人の関係、男女関係の機微まであったことであろう。そうした暗黙の了解としての共通認識を表面化させないで村落社会は動いていた。

「名倉談義」における精農の「金平さ」の物語が、地域社会の共通認識を肯定的にとらえる視点であるとすれば、この秋田県田沢湖西岸でのどぶろく談義と人間関係のハナシは、否定的にとらえた視点であったということもできる。現代でも、学校、会社などの職場、あるいは、友人仲間などでも、類似する現象があると思いあたる人もいるかもしれない。ただ、村落社会のような地域社会では、そこが逃げようのない生活世界、そこからの脱出の多くは脱落でもあったために、共通認識の暗黙の継続は重要でもあった。こうした共通認識のなかに〈忘れられた日本人〉たちは生きていた。

『忘れられた日本人』に戻ろう。

すでにその加筆をみた「土佐源氏」は、土佐檮原のもと博労のライフヒストリーを、ひとり語りの形式で叙述していた。『忘れられた日本人』の読者は、この博労のライフヒストリーをもってして、そこにもひとつの生があったとして、〈忘れられた日本人〉の典型例と読む。ここでえがかれた博労のひとり語りは、ヨバイによって生まれ母の早世のために博労として生きた、ひとりの男の漂泊と女性遍歴の物語として受けとられる。

「土佐源氏」はみずからの性を次のように語る。

> わしらみたいに村の中にきまった家のないものは、若衆仲間にもはいれん。若衆仲間にはいて（ママ）おらんと夜這いにもいけん。夜這いにいったことがわかりでもしようものなら、若衆に足腰たたんまで打ちすえられる。そりゃ厳重なもんじゃった。じゃからわしは子供の時に子守りらとよく××したことはあったが、大人になって娘とねた事はない。わしのねたのは大方後家じゃった。一人身の後家なら表だって誰も文句をいうものはない。[*11]

村落構成員ではない「土佐源氏」は娘のところにヨバイにいくことができなかった。裏返していえば、村落構成員の若衆だけが娘のところへヨバイに行く性関係を持つことができたのであり、この地域社会には、そうした男と女の性についても、村落構成員以外の漂泊者を含め共通認識があったことを示す。ここでも〈忘れられた〉のは「土佐源氏」の博労だけではなく、彼を含めて彼が生きてきた地域社会の共通認識であった。

エロ話の評価をめぐって

それでは、宮本は、こうした地域社会の共通認識について、どのような評価を提出しているのだろう。

「土佐源氏」が男の側からのエロ話なら、これもすでにその加筆をみた「女の世間」は女の側からのエロ話であった。宮本が故郷周防大島で田植などの労働のあいまに見聞きした話であろう、そのひとつに次のような田植のときの女の会話がある。

「この頃は田の神様も面白うなかろうのう」「なしてや……」「みんなモンペをはいて田植するようになったで」「へえ?」「田植ちうもんはシンキなもんで、なかなかハカが行きはせんので、田の神様を喜ばして、田植を手伝うてもろうたもんじゃちうに」「そうじゃろうか?」「そうといの、モンペをはかずにへこ(腰巻)だけじゃと下から丸見えじゃろうが田の神様がニンマリニンマリして……」「手がつくまいにのう(仕事にならないだろう)」「誰のがええ彼のがええって見ていなさるちうに」「ほんとじゃろうか」「ほんといの。やっぱり、きりょうのよしあしがあって、顔のきりょうのよしあしとはちがうげな」「そりゃそうじゃろうのう、ぶきりょうでも男にかわいがられるもんがあるけえ……」「それじゃからいうじゃないの、馬にはのって見いって」[*12]。

田の神様のように、思わずニンマリニンマリする笑話である。

これは、読み方によっては、これは女の下着をめぐる服飾文化史でもあった。

この宮本が再現した会話のような話は、わたしも一九八八年（昭和六三）七月、三重県のある山村で、一九一六年（大正五）生まれの女の方から聞いたことがある。宮本馨太郎《みやもとけいたろう》（一九一一－七九）など民具研究者が学術用語で山袴《やまばかま》と呼ぶいわゆるモンペは、西日本ではもともとあまり普及していなかった。労働着といえども、女は穿くのではなく、巻く形式が多かった。宮本が再構成したこの周防大島のエロ話も、西日本ならではのエロ話である。

わたしに話をしてくれた女の方は次のようにいっていた。

昔は着物で野良仕事をした。田植のときにはタウエオコシ（田植お腰）といって木綿の物を穿いた。そのとき、水鏡でタニシがびっくりするなどといっていた。ズロースは娘のころははかなかった。三〇歳代になってから穿くようになり、モンペは戦争がひどくなってきて、カイリョウ（改良）で穿くようになった。だから、娘のころまでは山へ行くにも着物で行っていたので、ブトがよってきて足を刺され、食われほうだいで痒くて痒くてしかたがなかった。

この山村の田植では、田の神様を喜ばせたのではなく、タニシをびっくりさせていたのだが、巻く形式の下着はこのような笑話のネタにもなっていた。ブトとは標準語でいうブヨのことであり、初夏から夏にかけて草むらに群生し、草刈りなどのあとには拡散し、足元から刺す習性がある。蚊に刺されるよりも腫れ、痒みが継続する。

そして、こうした女のエロ話に対する宮本の評価は次のようなものであった。

女たちのエロばなしの明るい世界は女たちが幸福である事を意味している。したがって女たちのすべてのエロ話がこのようにあるというのではない。
女たちの話をきいていてエロ話がいけないのではなく、エロ話をゆがめている何ものかがいけないのだとしみじみと思うのである。*13

宮本は村落社会に存在したエロ話を健康的で〈明るい〉と評価し、それを肯定的にとらえている。この評価じたいをとりあげてみれば、さきにみた吉沢和夫の民話評価と重なりあう。確かに、日本の村落社会ではさほど昔ではない時代まで、こうしたエロ話だけではなく性全体がむきだしであったから、それを開放的ということもできよう。しかも、宮本がこのようにいうと、こうした村落社会の性のありようは、プラスの評価だけを獲得してしまう。

しかしいっぽうで、村落社会の性を、宮本のようにえがくのではなく、他者のフィールドノートと比べてみると、こうした宮本のような評価とは異なる様相もみえてくる。

たとえば、エラ・ルーウィ・ウィスウェル（エラ・エンブリー）の『須恵《すえ》村の女たち』は、その多くが村落社会の性の生活誌でもあった。『須恵村の女たち』は、一九三五年（昭和一〇）から翌年にかけて、熊本県球磨《くま》郡須恵村（現あさぎり町）で村落調査を行なったアメリカの人類学者ジョン・エンブリーの妻エラ・ルーウィ・ウィスウェルが、歳月を隔てて一九八二年（邦訳は一九八七年）にまとめた当時の須恵村の女たちの生活誌である。夫のジョン・エンブリーの調査は、『日本の村落社会――須恵村』として一九三九年（昭和一四）に文化人類学的なモノグラフとしてまとめられたが（邦訳は一九五五年）、その調査をともにした妻のエラ・ルーウィ・ウィスウェルのモノグラフは、約四五年以上の歳月を隔てて刊行された。そしてこのエラ・ルーウィ・ウィスウェルの『須恵村の女たち』は、ジョン・エンブリーの『日本の村落社会――須恵村』が機能主義的な方法論により村落構造を整理したのとは異なり、そのほとんどを生活の現場で聞いたままの話をならべている。

たとえば、その第四章の「性――公と私」に次のような一節がある。

唐芋《からいも》〔薩摩芋〕は、ペニスを表わす俗語である。人びとは『あんたの夫の唐芋は大きかと』

とか、『唐芋は好き』などと冗談をいう。そんな話は、いつも大笑いをまきおこす。（中略）Hは私たちの女中の方をちらっと見て、私に、彼女はよい漬物を作るかどうかを聞いた。漬物を上手につける女性は『ここのよか』と彼は自分の生殖器を指しながらいった。だから、結婚が決まる前、妻の家を訪ねたとき、彼は、出されたおいしい漬物を作ったのは彼女だということを、注意深く確かめたといった。『男の場合は、どうすれば分るか』と私が聞くと、彼は『どぎゃんふうに小便すっかで分る』と答えた。もし、ある男が、まっすぐに遠くの方に小便をすれば、彼は長くて（手振りをした）、太い（別の手振り）ペニスを持っていることを意味する。彼はまた、漬物が好きな人は性交も好きだと打ち明けた。*14

「唐芋」と「漬物」に象徴的存在として示しつつ、須恵村における性をめぐる共通認識を伝えてくれている。確かに、性が開放的である。

しかし、それをもってして、宮本が肯定的に評価したような〈明るい〉性とはかならずしもいえない。『須恵村の女たち』は、次のような過度の労働負担と性病の蔓延についても報告する。性をめぐっての現実生活を記した第五章の「生活の実態」のなかの一節である。

産婆は、ここには非常に多くの婦人病があることを確認している。（中略）女たちは出産後たった三日で起きあがるが、これはあまりに短すぎるし、併発症がおきる、と産婆はいう。

（中略）彼女はまた、夫からうつされた性病は、問題の最大の根源になっているといった。彼女は、梅毒は早い段階で吹き出物ができ、医者にいくように強制されるから、あまりひどくならないといった。治療すれば、それは完全に治る。しかし、淋病は外側はきれいなので、表にでる前に悪い段階に達してしまう。何人かの女たちにとって、それは救いがたいもので、ほとんど治らないものである。*15

エラ・ルーウィ・ウィスウェルは、このように加工をほどこさずに提出した村落社会の性の聞き書きに対して、評価は避けている。しかし、開放的な性のなかには、このような暗部もあった。

宮本の性をめぐる肯定的評価を、批判しようとか、誤謬として排除しようというのではない。エラ・ルーウィ・ウィスウェルの『須恵村の女たち』を一例として対比することにより、それによって、宮本がえがいた村落社会の性は、あくまで宮本の感性によるハナシであったことを示したかっただけである。宮本自身がこうしたみずからの叙述方法に自覚的あったかどうかはわからない。しかしすくなくとも、宮本の『忘れられた日本人』でえがかれた世界を日本社会にあった現実として、それをそのままに受け容れてしまうべきではない。『忘れられた日本人』とは、宮本常一というひとりの人間の感性を通して、彼が取材した現実をもとにハナシとして再構成された作品であること、そして、そこには彼の評価がおのずとつけ加えられているということ、それをあらかじめ理解しておかなければならないということである。

『忘れられた日本人』を読むとは、〈忘れられた日本人〉がいたこと、また、彼らが持っていた共通認識を知るだけのことではない。それらは、あくまで宮本常一というひとりの人間が、その感性によってえがいた世界であり、〈忘れられた日本人〉と出会った宮本がその出会いから「再話」した人間たちであったこと、それを理解することでもある。

2 共同性の理想化

しつけの理想化

宮本常一の代表作のひとつに『家郷《かきょう》の訓《おしえ》』という作品がある。『宮本常一著作集 六』(一九六七)に所収されているほか、『忘れられた日本人』とともに岩波文庫(一九八四)でも再版されている。『忘れられた日本人』に先立つこと一五年以上、アジア太平洋戦争中の一九四三年(昭和一八)七月、三国書房という出版社から「女性叢書」というシリーズの一冊として発表された。戦時下の「母性」礼讃をはじめ、戦時体制を根深い次元から支持する発言もみられ、宮本の故郷周防大島およびみずからの体験をベースに、人間の成長過程を家と村落社会の共同性と調和のなかにえがいている。人間はひとりで自然に成長するのではなく、社会的存在として、家と村落社会の秩序のなかではぐくまれる、そうした人間の社会化過程をえがく作品であった。したがって、それを教育的側面からみれば、学校教育、狭義の教育だけではなく、家のしつけの領域にまで拡大し、また、社会教育的側面を重視しつつ地域社会と人間とのかかわりあいを積極的に提唱している。『家郷の訓』がしつけの物語であるとすれば、そこで第一に重視されるのは、家のそれである。宮本は、父母の、また、祖父母のそれを、特に、宮本自身がうけたしつけにより、具体的に語る。たとえば、幼少期に祖父からうけたしつけの例を次のようにいう。

四つ位の折から祖父につれられては田や畑へ行つた。その往復に際して荷のない時は、いつもオイコにのせて背負うてもらつた。丁度猿曳の猿の様に。之が実に嬉しかつたものである。

山へ行くと祖父は仕事をする。私は一人で木や石を相手にあそぶ。山奥の方まで行つてあはて丶畑の所まで来て祖父の働いてゐるのを見てホッとする。気の向いた時は草ひきの手伝ひをする。「おまへがたとへ一本でも草をひいてくれるとわしの仕事がそれだけ助かるのだから…。」と言つて仕事をさせるのである。そのかはりエビ（野葡萄）やら野苺などよく見つけて食べさせてくれる。野山にある野草で食べられるものと、食べられないものと薬用になるかならぬか、又その名や言ひ伝へはかうして祖父に教へられた。[*16]

祖父と田畑に行き、それにより、おのずと野良仕事を、また、自然知を習得する、そんな幼少期の体験をつづった部分である。

このような経験を持っている人はいまだ多かろう。これが祖父でなくとも、祖母であったり、父母とともに田畑に行き、そこでつれづれなるままに、大人のまねをして、農作業のまねごとをしたり、それがあきると、周囲で遊んだり、ときには、大人からこのような自然知を教えられる。確かにこのように成長する部分があった。

子供がだんだん成長してくると、このような農作業のしつけも父親にバトンタッチされ本格的となる。農作業の手ほどきは、水田耕作を例とすれば、田植の苗運びと稲刈の稲運びからであったという。

子供の仕事を覚えて行く順序は田の耕作について見ると、先づ田植の苗運びが最初であつた。植ゑてゐる人たちの後へ運んで行つて丁度よい位の間隔をとつて置くのであるが、之が一仕事である。(中略)秋の稲刈には稲運びが子供の仕事である。稲扱きの藁運び、麦蒔の畝起しの時は株切りをする。カブキリといふ先がやゝ扇形にひらいた鍬があつて、之で稲株の根をきるのであるが、かうすると畝起しが楽である。*17

このように、宮本は、子供が農作業を覚えていく最初は、田植の苗運びと稲刈の稲運びであったという。こうした軽度の補助的農作業が、重労働が難しい子供などの仕事で、子供がこうした農作業から仕事を覚えていったのは、宮本ならずともかつてはたいてい同じであった。こうした経験を持っている人もまだ多くいるはずである。

宮本は、それに続いて行なわれる稲刈後の耕耘《こううん》作業、槌《つち》を使っての土塊破砕作業にふれて、農作業をめぐっての父のしつけを次のように紹介する。

畝《うね》起しがすんで二三日たつと土塊がかはいて来る。すると之をクレ打で打つ。クレ打といふのは柄の長い木槌で、之で大きな土塊をくだくのである。株切にもクレ打にも手にマメが出来てヒリヒリする。手がいたくて手ばかりながめてゐると、「鳥のオドシ（案山子）ではないぞ」と言つてよく父から叱られた。疲れて仕事がいやになつて姿勢が崩れて来ると、腰が曲りすぎてゐるとか、柄の持ち方が根元すぎるとか言つて叱られる。物には必ず持つべきところがあり、腰の曲げ方にも基準があつた。腰をまげてゐる時膝をまげる事もきらはれた。それは野糞する時の姿勢だといふのである。かういふ事が一々やかましく言はれるのは、結局よい姿勢が最も能率的であり、又仕事も楽であつたからである。*18

宮本は、農作業そのものだけではなく、農作業をする姿勢の重要さをその父から教えられたというのである。確かに、農作業だけではなく、すべての労働において、姿勢が適切であれば、疲労も少なく労働の能率もあがる。しかし、ここで宮本が紹介する槌による土塊破砕作業だけではなく、日本の農作業には中腰で鍬を使う労働――前屈姿勢になり腰と下腹部の腹筋を使う往復作業――は多かったから、腰痛を持病とする農民は多かった。また、鍬の柄の角度や刃先が、土質や傾斜などと不適合であると労働に負担が多いのも実際であった。そのような意味でいえば、宮本がその父からしつけられたように、農作業の姿勢、また、農機具と田畑との適合性は重要であった。

小農家族の労働経営のえがき方

しかし、こうした人力による農作業が行なわれていたことじたいが、かつての日本の農業労働の加重負担を示していた。しかし、宮本のえがき方は、こうした加重負担を語るのではなく、その加重負担の労働であってさえも、農作業をめぐるしつけとして語ることであった。

宮本は、農作業につきものの土をめぐるしつけについて次のようにいう。

鍬についてゐる土を手でとつてゐるのを見つけられると必ず叱られた。

「手が荒れるに…分らんのか。」

といふ。土は已むを得ない場合の外木の片か何かでおとすべきものであつた。土は作物を育成し、我々によき食物をあたへて呉れる母であつたけれども、同時に恐るべき力を持つてゐる。土の中に居ると手足を荒らし、且つ身が疲れるといふ。事実父も母も毎夜の様に皹《ひび》に膏薬《こうやく》をつめねばならぬほど稲刈の頃には手足が荒れた。（中略）この膏薬をつめて、その上を燠《おき》であぶつて膏薬をとかしてあげるのが私の役目であつた。*[19]

土は皮膚に害を与え荒らすので、じかに触れてはならないというしつけである。人力による農作業は土との接触を常態化させていた。実際に、ひび割れた手の農民は、宮本の父母ならずとも多く、ごくふつうであったし、農作業のあとで、鍬の土を手ではなく、木片などで落とすのもふつうで、特に疑問を持たれないような光景であった。また、農作業が終わった夕刻など、川・水場などで鍬などの農具を洗い、またみずからも手などを洗う、そんな光景がふつうにあった。

それらを覚えている人もいまだ多かろう。

土質が火山灰土であれば、鍬などの農機具につく土も少ないが、粘土質であったり雨後の農作業では、土の附着はふつうであった。土は確かに危険性を持つ。かつての農村では、荒れた手指・足指などが化膿し炎症をおこす瘭疽《ひょうそ》に罹る農民が多かった。また、破傷風菌《はしょうふう》は通常は土中にいるので、これも手足が荒れてひび割れているばあいには注意すべき病気であった。瘭疽にせよ破傷風にせよ、いまではほとんどなくなった。

現在の都市民のガーデニング・家庭菜園では想像もつかないかもしれないが、土は人体に対して危険性をも持っていた。宮本はそれについてのしつけをその父からうけていた。

宮本は、農民として生きていく上での基本、農作業の基本を、その父から教えられていたことになる。しかし、こうしたしつけを父からうけたことじたいが、日本の農業労働の特徴を示している。近現代の日本の農業労働は、その経営形態を資本主義的な企業経営形態として展開してきたのではなかった。企業的農場経営による農業ではなく、江戸時代以来継続する、家単位、つまりは、家族労働によって、家単位で保有する田畑を耕作し農業生産を行なう形態であり、一般的な用語を使えば、小農家族による農業経営、それが日本の農業労働である。それは、いまだ農家という単語が生き続けているように、改善されつつも、現在でも基本的には継続している。そして、この小農家族による農業経営は、零細で脆弱な経営になりやすく、近現代の資本主義社会において、こうした小農家族による農業経営がその社会形態に適合的であるかどうかについても、もっとも基本的な問題としていまだ残っている。

そして、宮本が、農業労働をめぐるしつけを父からうけたと語るのは、このような日本の農業労働の特徴、小農家族による農業経営がそうさせていたからであった。近現代社会での職業教育は、みずからの父母など家族構成員からうけるのではなく、通常は学校教育また企業教育によって習得する。したがって、たとえば、銀行員はその父母が銀行員でなくともよく、商社マン・ウーマンはその父母がそうでなくともよい。現在の社会は、比較的固定化し、父母を継承する二世・三世の跡継ぎ的職業選択も増えているが、職業選択は自由であり、その職業教育は学校教育・企業教育による。しかし、農業の場合は、小農家族の農業経営に規定され、家族労働の現場から習得する形態であった。農業ほどでなくとも、漁業・山林労働、また小売り商店などもこうした傾向は強かった。

宮本が『家郷の訓』のなかでうけたと語る農業労働習得のためのしつけとは、言い換えれば、日本農業の特徴といえる零細な小農家族の存在こそが、そうさせていたのであって、その現場においてはそのしつけは重要であるが、ほんらいは、そうしたしつけが存在したことじたいを問題視すべきことがらでもあった。

「よき村人」になる

しかし、小農家族の中での農業労働をめぐるこうしたしつけを、宮本はいくぶんか美化しつつみずからの体験によせてえがいていた。そしてそれは、おのずと家をとりまく地域社会、家の連合体としての村落共同体を理想的に強調することになる。

たとえば、若者仲間と娘仲間が中心であったという道路修繕の共同労働についてである。

正月と盆には若い者仲間の道路修繕がある。之は里の道の修繕で、山道の方は別に村中の人が出て行ふのである。この里の道の修繕は主に雨に流されて凹んだ所へ土をはこんだり、古く浜に沿うて道の通つてゐた時には、波がその道を崩すことがあつたのでそれを治したりした。この道つくろひの日には若連中が全部出て行つて仕事にはげむ。その時娘仲間もまた出て行つて若い者のための食ひごしらへをする。村中を一軒々々歩いて野菜類を貰ひうけ、それでおかずを炊き、又飯を炊いて握飯をつくる。さうして振まつてくれる。道つくろひが村の人たちのよい思ひ出になつてゐるのは、この飲食から来る印象で、この日ばかりは本当に働くことがたのしく、また何の憂ひも不平もなかつた。[*20]

現在では少なくなったが、ムラ内の共同労働としての道路修繕は、日取りを決めて、たいていはムラの家々からひとりずつ出て行なわれていた。共同労働には、ほかにも用水路の整備・清掃、山焼きなどがあり、道路修繕はそうしたもののうちのひとつであり、こうした共同労働では、事情があり出ることができない家は、出不足《でぶそく》などといいその労役負担分を金銭で集落に対して支払うばあいもあった。こうした共同労働とは、ムラにおけるひとつの強制としても機能していた。しかし、宮本はこうした強制的側面については指摘していない。確かに、共同労働のあとは、宮本のいうように、酒肴をともなう飲食が行なわれるばあいも多く、それがひとつの楽しみでもあった。そして、宮本の故郷周防大島では、この共同労働のひとつの道路修繕を若者仲間が行ない、労働後の彼らへの飲食の準備を娘仲間が行なっていたというのであるから、若者にとっては楽しみでもあったことであろう。

宮本の共同労働の叙述は一面的であったのである。その肯定的側面をみずからのイメージによって叙述し、しかし、その否定的側面については言及していない。このように、『家郷の訓』も『忘れられた日本人』と同じく、宮本の感性のままに、家と村落社会の共同性をプラスの存在としてえがく叙述スタイルであった。

若者仲間については、さらに次のようにもいう。現在では成人は二〇歳だが、かつての日本の村落社会ではほとんどが一五歳であった。若者はここで若者仲間に加入でき、また、若者宿があるところでは、その宿仲間になることができた。宮本の故郷周防大島もそうであった。

泊り宿は村の中にいくつもあつた。普通の民家が宿になつたもので、さういふ家の表の間を借りて寝泊りしたのであるが、この宿が又一種世襲的になつてゐた。この泊り宿へも十五歳になると行く事が出来た。父親が布団を持つて宿へたのみに行くと泊り子たちはよろしいと言つて引うける。(中略)先輩たちはそれから若い宿子に対して色々のことを教へて行くのである。第一に丁髷《ちょんまげ》時代にはこの丁髷を結うてやるのが兄分たちであつた。夜業なども一緒に行ふことが多く、さういふ指導はすべて兄分の役目で、筵《むしろ》を織つたり菰《こも》を編んだり、籠を作つたりするやうなむづかしい手仕事は大抵この宿仲間から教へられたといふ。*21

若者宿の教育的機能を記した部分である。若者宿で先輩たちから農業労働に必要な基本的作業を教えられていたというのである。また、かつてはちょんまげの結び方を知るのもここであったという。若者宿には確かにこのようなプラスの側面もあったが、現実的には、放縦な性・賭けごとなどマイナスの側面もあり、宮本の紹介する若者宿は、そうしたマイナス的側面を脱落させた上での一面を紹介しているにすぎなかった。

宮本の『家郷の訓』は、このようにみずからの故郷周防大島をフィールドとしつつ、その小宇宙を理想化しつつえがいていた。そして、それによって結論づけるのは、このような家のしつけと地域社会の共同性によって、そこに生きる人々が「よき村人」になっていくということにあった。


曾てのよき村人と言はれるものは先づ何よりも村の風をよく理解して之に従ふことであつた。つまりその村の色に最もよく染まる事であつた。之は一見自らの個性をなくする様に見えるけれども、それによつてむしろ個性が生かされもしたのである。村人として共通のものを持ちつゝ、十人集つて見れば十人十色であつた。そして家々の風といふものは皆少しづゝ違つてゐた。[*22]

家の生業に基づいたしつけをうけ、ムラの秩序にそって成長した人間が「よき村人」になっていくが、いっぽうで、こうした家と地域社会のなかでその共同性に基づいて成長していくムラ人は個性的であるともいう。宮本の『家郷の訓』は、家と地域社会の共同性に対する全面的な肯定であり、それらに対する讃歌でもあった。そこにおけるマイナス面についてはなんら語っていない。あるいは、宮本自身も感じることがあったかもしれない否定的現実にはまったくふれていない。

宮本における家と地域社会の共同性に対する理想化であった。

宮本出郷のハナシ

さらに、『家郷の訓』は、宮本がその父からうけたしつけのひとつとして、彼が高等小学校卒業の翌年、満一五歳で大阪に出郷する際に、父からうけたという五ヶ条の言葉を書き留めている。宮本は、大阪に出て、逓信講習所の入学試験に合格、そこでの勉学を経て郵便局に勤務、その後、大阪府天王寺師範学校を経て小学校教員となり、やがて民俗学者として世に立つことになるが、その最初の出郷のときのハナシである。

この父が私の出郷に際して実に印象的な言葉をいくつか言ひきかせ、之を書きとめさせた。それは次の様なものであつた。

一、自分には金が十分にないから思ふやうに勉強させることが出来ぬ。そこで三十まではおまへの意志通にさせる。私も勘当した気でゐる。併し三十になつたら親のあることを思へ。又困つた時や病気の時は何時でも親の所へ戻つて来い。いつも待つてゐる。

二、酒は煙草は三十までのむな。三十すぎたら好きなやうにせよ。

三、金は儲けるのは易い。使ふのがむづかしいものだ。

四、身をいたはれ、同時に人もいたはれ。

五、自分の正しいと思ふことを行へ。

之によつて私の新なる首途がなされたのである。之等の言葉の中に含まれてゐるものは新しい意志である。*23

道徳的でもあるが、現代でいえばちょうど中学校を卒業すると同じ年齢で親元を離れていく子供に対して、その父が親としてかけることのできるはなむけの言葉として、その当時では一般的といってよいだろう。

もっとも、ここで問題とされなければならないことは、その個々の内容ではない。実は、宮本は、最晩年の自伝『民俗学の旅』（一九七八）のなかでは、このはじめての出郷のときに父からうけたというはなむけの言葉を、五ヶ条ではなく、一〇ヶ条として語り、内容も大きく違えているからである。宮本はひとつの事実を語りながらも、その事実の内容を変えている。

すこし長くなるが、全文を紹介してみる。

出るときに父からいろいろのことを言われた。そしてそれを書いておいて忘れぬようにせよとて私は父のことばを書きとめていった。

(1) 汽車へ乗ったら窓から外をよく見よ、田や畑に何がうえられているか、育ちがよいかわるいか、村の家が大きいか小さいか、瓦屋根か草葺きか、そういうこともよく見ることだ。駅へついたら人の乗りおりに注意せよ、そしてどういう服装をしているかに気をつけよ。また、駅の荷置場にどういう荷がおかれているかをよく見よ。そういうことでその土地が富んでいる貧しいか、よく働くところかそうでないところかよくわかる。

(2) 村でも町でもあたらしくたずねていったところはかならず高いところへ上って見よ、そして方向を知り、目立つものを見よ。峠の上で村を見おろすようなことがあったら、お宮の森やお寺や目につくものをまず見、家のあり方や田畑のあり方を見、周囲の山々を見ておけ、そして山の上で目をひいたものがあったら、そこへはかならずいって見ることだ。高い所でよく見ておいたら道にまようようなことはほとんどない。

(3) 金があったら、その土地の名物や料理はたべておくのがよい。その土地の暮らしの高さがわかるものだ。

(4) 時間のゆとりがあったらできるだけ歩いて見ることだ。いろいろのことを教えられる。

(5) 金というものはもうけるのはそんなにむずかしくない。しかし使うのがむずかしい。それだけは忘れぬように。

(6) 私はおまえを思うように勉強させてやることができない。だからおまえには何も注文しない。すきなようにやってくれ。しかし身体は大切にせよ。三十歳まではおまえを勘当したつもりでいる。しかし三十すぎたら親のあることを思い出せ。

(7) ただし病気になったり、自分で解決のつかないようなことがあったら、郷里へ戻って来い、親はいつでも待っている。

(8)これからさきは子が親に孝行する時代ではない。親が子に孝行する時代だ。そうしないと世の中はよくならぬ。

(9)自分でよいと思ったことはやって見よ、それで失敗したからと言って親は責めはしない。

(10)人の見のこしたものを見るようにせよ。その中にいつも大事なものがあるはずだ。あせることはない。自分のえらんだ道をしっかりとあるいていくことだ。

大体以上のようなことであったと思う。私はこのことばにしたがって今日まで歩きつづけることになる。*24

(1)は車窓の民俗学、(2)は景観把握重視の民俗調査方法論、また、(10)の他者の見落としの重視は、よく知られている文章である。しかし、これらは最晩年の『民俗学の旅』では饒舌に語られていても、アジア太平洋戦争中の『家郷の訓』にはまったく紹介されていない。『家郷の訓』の五ヶ条が『民俗学の旅』の一〇ヶ条と一致するのは、

三〇歳までは自由に生きよ。　『家郷の訓』の「一」『民俗学の旅』の(6)

金は使うのが難しい。　『家郷の訓』の「三」『民俗学の旅』の(5)

自分の正しいと思うことを行なえ。　『家郷の訓』の「五」『民俗学の旅』の(9)

の三ヶ条だけであり、『家郷の訓』の「二」のタバコは三〇歳までは吸うな、「四」の自分と他者をいたわれ、は『民俗学の旅』にはない。

宮本みずからが、この『家郷の訓』と『民俗学の旅』とで語る、宮本青年満一五歳の出郷のハナシを比べたとき、そこにおける内容の違いは、フィクションの可能性をも推測させる。

もっとも、ここでそれを指摘するのは、そのフィクションの可能性さえもあるハナシを叙述した宮本を悲批判しようとするためではない。フィクションだと指摘して糾弾しても無意味である。ここで重視したいのは、このような出郷のハナシの作り替えを、なぜ宮本がしたのかにある。

一九四三年（昭和一八）アジア太平洋戦争中の『家郷の訓』は道徳的な五ヶ条であった。特に、その「一」に記された（『民俗学の旅』では(6)）、三〇歳までは自由に生きよ、はアジア太平洋戦争中の〈家郷〉の〈訓〉にふさわしく、父が子へ与える出郷のはなむけの言葉として道徳的に語られる。宮本青年満一五歳出郷のハナシは、『家郷の訓』の出版時期・内容に即して構成されている。いっぽうで、それから約四五年後、最晩年にその研究者としての生涯を語った『民俗学の旅』では、『家郷の訓』にはない、(1)の車窓の民俗学、(2)の景観把握重視の民俗調査方法論、また、(10)の他者の見落としの重視、が饒舌に語られる。仮にこの父の言葉が贈られたのが事実としても、その当時の宮本青年満一五歳が、それを記憶にとどめ、また、その内容を実感的に理解できていたかは疑問である。

最晩年の研究者としての総括とでもいうべき『民俗学の旅』では、宮本の研究者としてのスタイルそのままに、〈家郷〉の〈訓〉を再構成している。

『家郷の訓』にせよ『民俗学の旅』にせよ、それらは、それぞれの作品の趣旨にそって変形し、そのときどきの理想化がはかられハナシが再構成されている。基本的な事実はあったことであろう。しかし、その事実を基に、宮本はその作品に応じて理想的物語を再構成している。事実に基づいた虚構ともいえるが、ノンフィクションとフィクションのあいだで、みずからの理想を仮託する、そうした叙述スタイルが貫かれていた。

寄りあいの理想化

『家郷の訓』における道徳的に理想化されたハナシ、地域社会と家のしつけをもってして、それを事実と考えるべきではないだろう。それはあくまで宮本色による理想化であった。

この宮本色による理想化を『忘れられた日本人』のなかに戻してみよう。

『忘れられた日本人』の最初に「対馬にて」というハナシがある。その冒頭は「寄りあい」からはじまる。『忘れられた日本人』の最初の文章ということになる。

宮本は、一九五〇年（昭和二五）とその翌一九五一年（昭和二六）、九学会連合の対馬調査（一九五〇年は八学会連合）に日本民族学協会渋沢（敬三）班のひとりとして、研究テーマ「対馬の漁法漁撈の研究」により参加した。初年度の一九五〇年（昭和二五）は七月九日厳原着、一一日から調査開始八月一九日離島、約四〇日間におよび、翌一九五一年（昭和二六）は七月六日厳原着、九日から調査開始八月一一日離島、約三〇日間余におよんだ。二年間で対馬全域で合計約七〇日間の長期間にわたったフィールドワークであった。この対馬調査の成果は『対馬漁業史』［生前は刊行されず『宮本常一著作集二八』（一九八三、未來社）より刊行］として完成されたが、その調査の周辺を再構成したひとつが、この「対馬にて」の冒頭の「寄りあい」であった。

調査初年度の一九五〇年（昭和二五）七月二三日、[*25]宮本は上県《かみあがた》郡仁田村（現対馬市上県町）伊奈《いな》をおとずれた。

伊奈の村は対馬も北端に近い西海岸にあって、古くはクジラのとれたところである。私はその村に三日いた。二日目の朝早くホラ貝の鳴る音で目がさめた。村の寄りあいがあるのだという。朝出がけにお宮のそばを通ると、森の中に大ぜいの人があつまっていた。私はそれから、村の旧家をたずねていろいろ話をきき、昼すぎまたお宮のそばを通ると、まだ人々がはなしあっていた。昼飯もたべないではなしているのだろうかと思って、いったい何が協議せられているかに興をおぼえたが、その場できいても見ないで宿へかえり、午後区長の家をたずねた。区長はまだ若い人で寄りあいの席に出ており、家にはその父にあたる老人がいた。この村で区長をつとめるのは郷士の家の戸主にかぎられており、老人も若いときには区長をつとめていた。明治以前には下知役とよばれる役目であった。百姓は農中とか公役人とかいい、その代表は江戸時代には肝煎とよばれていたが、明治以後は総代といった。区長と総代とがコンビになって村のいろいろの事をきめていくのである。[*26]

伊奈は、旧郷士と農民とからなるムラであり、そのトップには旧郷士から区長が、農民から総代が選出され、この区長と総代との合議によって、集落運営が行なわれているという。もちろん、ムラ全体の会議、寄りあいが招集されることがある。宮本は、この寄りあいの場に区有文書の借用を依頼したこともあり、寄りあいの様子をつぶさに観察することになる。

いってみると会場の中には板間に二十人ほどすわっており、外の樹の下に三人五人とかたまってうずくまったまま話しあっている。雑談をしているように見えたがそうではない。事情をきいてみると、村でとりきめをおこなう場合には、みんなの納得のいくまで何日でもはなしあう。はじめには一同があつまって区長からの話をきくと、それぞれの地域組でいろいろに話しあって区長のところへその結論をもっていく。もし折り合いがつかねばまた自分のグループへもどってはなしあう。用事のある者は家へかえることもある。ただ区長・総代はきき役・まとめ役としてそこにいなければならない。とにかくこうして二日も協議がつづけられている。この人たちにとっては夜も昼もない。ゆうべは暁方近くまではなしあっていたそうであるが、眠たくなり、いうことがなくなればかえってもいいのである。[*27]

その議題は明らかにされていないが、寄りあいは、一定程度の議論の過程を経た上で多数決により議決する現代の会議、欧米で発達した民主主義的決定の原理ではなく、一見すると非合理で悠長な話しあいによって議論が進行しているという。二日間も昼夜無関係に延々と続いている。しかも、ここでは寄りあい参加者だけに議決がゆだねられているのではなく、話し合いの過程で、ムラ内部の「地域組」に話をフィードバックし、また、それを戻すという往復運動が行なわれている。宮本は「地域組」といっているが、これは民俗学用語でいうところのムラ組のことである。日本のムラは単なる家の連合体ではなく、たいていはムラのなかがいくつかのムラ組に分かれ、ムラはこの複数のムラ組の連合体とでもいうべき構造を持つ。そのために、このような、ムラの寄りあいはムラ組との往復運動を行なっているというのである。もちろん、この対馬の伊奈でそうであるからといって、他地域でもそうであるとはかならずしもいえず、この伊奈の例をもってしてそれを日本列島全域にあてはめることはできないが、すくなくとも伊奈の寄りあいは悠長ななかにこのようなすみずみまで納得のできる運営を行なっていると伝えている。

さて、宮本が閲覧を希望した区有文書については、先例なども持ち出され、結局は寄りあい出席者によりその借用が承認される。

区長が「それでは私が責任をおいますから」といい、私がその場で借用証をかくと、区長はそれをよみあげて「これでようございますか」といった。「はァそれで結構でございます」と座の中から声があると、区長は区長のまえの板敷の上に朝からおかれたままになっている古文書を手にとって私に渡してくれた。[28]

同年の対馬調査では、宮本は八月七日から一〇日まで下県《しもあがた》郡仁位村（現対馬市豊玉町）千尋藻《ちろも》をおとずれ、[29]そこでも区有文書の閲覧を希望する。そのときには、その希望に対して、千尋藻湾内四ヶ浦の総代が招集され彼らの合議によって閲覧が許可される。

四ヵ浦共有の文書を見たいと私がいい出したら、千尋藻の総代が、「それでは四ヵ浦総代に使いを立てましょう」といってくれたので、のんきにかまえて、ただ「どうもありがとう」ですませてしまった。ところが使いは小舟にのって湾奥の村の総代の家まで行かねばならない。片道一里はある。申しこんでから三時間ほどたって使いがかえり、他の三ヵ浦の総代に連絡がついたと知らせてくれた。[30]

四ヵ浦共有文書のために、四ヵ浦総代の合議を必要とし、そのために、わざわざ招集してくれたというわけである。やがてやってきた四ヵ浦の総代は正装であった。

一時間ほどたって三人の総代が舟できた。それぞれきちんと羽織を着て扇子をもっている。夏のことだから暑いのだが、総代会というのは厳重なものであるらしい。しばらくの間協議がしたいというので、私はその間別の家へ話をききにいっていたら、夜九時頃総代の宅まで来てくれという。いってみると表の間に四人があつまっていて夕はんもたべずに協議していた。さて、「持ちかえることはゆるされないが丸一日だけお目にかけようということに話がきまりました」と千尋藻の総代から話があった。その理由は帳面の中には四ヵ浦共有の網での魚のとれ高もしるされており、そういうものが外にもれるといけないからというのである。まことにもっともなことで、「それで結構です」と答えると、千尋藻の総代が、帳箱にしてある封印をきって蓋をあけ、中の冊数をしらべて私に渡してくれた。それからお膳が出て夕飯になった。私もまだだったのでお招伴にあずかった。*31

宮本は、一九五〇年（昭和二五）夏、古文書の閲覧をめぐって、対馬に伝承されてきた寄りあいを実見することになっていた。その一部分に同席していたといってもよいかもしれない。伊奈ではムラ全体の寄りあいを、千尋藻では浦連合の総代寄りあいを、体験していた。

その宮本が、寄りあい体験の上で指摘するのが、ムラ社会の平等性であった。

領主―藩士―百姓という系列の中へおかれると、百姓の身分は低いものになるが、村落共同体の一員ということになると発言は互角であったようである。[*32]
対馬特有の在地の郷士（士族）にふれて、郷士と百姓との関係についても次のようにいう。

郷士が被官や卒士《そし》を持っておれば、それらの従属者にはずいぶん威張りもしたであろうが、一般村人となれば、別に主従関係はないのだし、寄りあいをサボれば村人から苦情の出るのはあたりまえである。といって郷士と百姓は通婚できなかったり、盆踊りに歌舞伎芝居の一齣のできるのは郷士に限られていたり、両者にいろいろの差別は見られたのである。差別だけからみると、階級制度がつよかったようだが（中略）、村里の中にはまた村里としての生活があったことがわかる。[*33]

郷士と百姓とのあいだに、明らかに「差別」があったといいつつ、いっぽうで、寄りあいとムラ社会の内部にはそれとは異なる村落秩序があるという。宮本は、「差別」「階級制度」の存在を認知しつつ、それとは異なる村落秩序があるとして「差別」「階級制度」が相対的に弱体であるかのように説明している。
そして、宮本はこのようなムラ社会の平等性に基づいて、寄りあいでの合議が理想的な直接民主制であるかのように続ける。

そういうところではたとえ話、すなわち自分たちのあるいて来、体験したことに事よせて、話すのが、他人にも理解してもらいやすかったし、話す方もはなしやすかったに違いない。そして話の中にも冷却の時間をおいて、反対の意見が出れば出たで、しばらくはそのままにしておき、そのうち賛成意見が出ると、また出たままにしておき、それについてみんなが考えあい、最後に最高責任者が決をとらせるのである。これならせまい村の中で毎日顔をつきあわせていても気まずい思いをすることはすくないであろう。と同時に寄りあいというものに権威のあったことがよくわかる。*34

生活共同体であるだけではなく、生産共同体でもあったムラ社会において、こうした時間の流れのままに議決を行なう方法は、ひとりの疎外者をも出さないという意味で重要であろう。といっても、これを現代の（議会制）民主主義にそのままあてはめることは無意味である。そもそも民主主義は、相互に異なる文化・生活・意見・思想を持つ人間またグループ間を調整し決定を行なうためのシステムである。同質性の高い小宇宙での決定がムラ社会の寄りあいとすれば、異質な人間・グループが最大公約数の部分で許容できる決定をするのが民主主義のシステムである。宮本がえがいたようなムラ社会の合議制とは、同質な生活・生産共同体内部における運営と決定であって、異質な人間・グループ間を調整する民主主義とはその基本的性格が異なる。ときおり、宮本のえがいたムラ社会の直接民主制を理想化し、それをあたかも現代の民主主義に通じさせることが可能であるかのような幻想をいだく人がいるが、そもそも、こうしたムラ社会の原理をそのまま現代にあてはめることは不可能であるだけではなく明らかに無意味である。

村落共同体の階層差

そしてもっとも留意すべき点は、宮本はこのハナシでムラ社会におのずからある平等性を強調し、これを理想的にえがいたが、実は、これは対馬において一側面にすぎなかった。宮本も「差別」「階級制度」の存在を指摘するように、対馬のムラ社会には厳密な階層があった。『忘れられた日本人』の「対馬にて」ではそれについては省略されているが、宮本の学術的な調査報告では、ここで紹介されたような平等性についての指摘はまったくなく、階層差を強調しさえしている。たとえば、「対馬の漁業制度」(一九五二)では、漁業制度をめぐる本戸と寄留の「差別」に注目する。

その冒頭は次のような二センテンスからはじまる。

対馬に於て漁業権を持つて居るものは本戸といわれる階級で、何れも土地を耕作している。土地を耕作していない二三男や来住者は寄留とよばれて、漁業を専門に行つて居ても地先の漁業権は持つて居ない場合が多い。*35

地先の漁業権を持つ本戸《ほんこ》は土地持ちで、そうではない次三男・来住者の寄留《きりゅう》は土地持ちではないという。

なぜならば、漁業権とはイコール採藻権であり、その採藻は農業のための肥料として使用されるからである。次のように続ける。

対馬に於ては土地を耕作しているものはすべて平等に海藻をとる権利を持つて居た。土地を持たざるものは漁民といえども採藻権はなかつたのである。*36

そしてまた、「対馬豆酘の村落構造」（一九五九）では、その全編を通じて対馬におけるムラ社会の階層差を強調している。そこには、ムラ社会の平等性をえがこうとする姿勢はみられない。「対馬豆酘の村落構造」は、対馬には供僧と郷士と農民の区別があり、婚姻はそれぞれのなかで行なわれてきたといい、郷士と農民の区別の指摘については『忘れられた日本人』と同じである。供僧とは神事・仏事などの司祭者のことである。

さらに、「対馬豆酘の村落構造」では農民のなかには郷士の隷属民がいたとして次のようにいう。

近世初期隷属農民の独立化によつて農中が成立しつつも、そこからはみ出したものがなお多少あつた。（中略）郷士の知行地をのみ耕作するものが居た。これを被官とも庶子とも言つた。庶子は卒子とも書いている。被官は郷士から土地を与えられてそれを耕作し、一種の小作関係にありつつ、労力の提供もおこなっている者である。庶子の場合は土地を与えられず全く主家に隷属して一種の下男関係にあったと言っていいのだが、主家に住みこむのではなくて、一戸をかまえている事によって下男とは区別される。*37

被官また庶子とよばれる隷属民がいたというのである。そして、こうした隷属民と、本戸および寄留との相関関係については、次のように指摘する。たとえば、被官については、郷士の隷属民でありながら、被官は農民であるから採藻権を持つ本戸であるという。

被官の場合は村共有財産への加入は認められていないが、農地を耕作しているという事によって採藻は許されていた。藻はこの地方では重要な肥料であったからもとはこれを得られなければ農業は成りたたないように考えられていたのである。*38

その上で宮本は次のように結論づける。

本戸の中にもいくつかの階級があった。つまり本戸の中には給人(郷士)・本縄百姓・半縄百姓・被官・名子が含まれていたわけであり、もとは陸における共有財産権にも区別があつた。[*39]

宮本が「対馬の漁業制度」「対馬豆酘の村落構造」のなかで強調した「差別」「階級制度」は、政治的基準による、郷士と農民の厳然たる階層差であり、農民のなかには、隷属民としての被官・名子もあった。また、それとは異なる農地耕作の基準により、本戸と寄留の階層差もあった。政治的基準による農民のうちの隷属民であってさえも、それが農地耕作を行なっていればそれは本戸とされ採藻権を持っていた。しかし、他地域からの移住漁民は農地耕作を行なっておらず、また、次三男の分家も農地分与を受けていなければ農地耕作を行なっていないので、採藻権を持たない寄留として本戸とは区別されていた。

宮本がその学術的調査報告「対馬の漁業制度」「対馬豆酘の村落構造」で明らかにした対馬の階層差は、このように、複数の基準により構成されていた。寄留でもその漁業所得による富裕者もいたであろうから、こうした対馬の階層差がそのままイコール経済的格差であったとはいえないが、宮本の分析によれば、対馬のムラ社会の階層差は二重にはりめぐらされていたことになる。

しかし、『忘れられた日本人』の「対馬にて」では、こうした階層差を具体的に叙述せず、内部の平等性を強調することに終始していた。あまりいい表現ではないかもしれないが、宮本は、同じ研究対象を扱いながらも、想定する読者によって、また、発表する活字媒体によって、えがく内容あるいは強調する内容をかえていたといってもよいかもしれない。同じ対馬を対象としながらも、学術的調査報告の「対馬の漁業制度」「対馬豆酘の村落構造」と、『忘れられた日本人』の「対馬にて」とでは、異なる社会をえがいているかのようである。俗な表現を使えば、ネタは同じでありながらも、調理方法をかえている。

宮本は対馬のムラ社会における階層差を充分すぎるほどに理解していた。しかし、それにもかかわらず、寄りあいを突出させて扱いつつ、そこに存在する合議制を平等性の原理によって理想化してえがいていた。『忘れられた日本人』の「対馬にて」、そのなかでよく知られた寄りあいについても、それはそこに存在した事実というよりも、宮本が観察しまた出会った事実を宮本色により再構成したハナシであったと考えなければならない。

実は、残されている対馬調査のフィールドノートには、この寄りあいの叙述の舞台となった伊奈でも千尋藻でも、寄りあいについての記録は残されていない。伊奈については、たとえば、本戸と寄留についての調査として、「本戸48戸」「分家キリウ10戸」「入寄留者40女ノ人ガカナラズコノ土地ノ人鹿児島、ワカ山等」「朝鮮人4」と記録され、また、閲覧した古文書の筆写も残されている。[40]千尋藻についても、本戸（士族・百姓）と寄留などの戸数調査が記録され、また、四ヵ浦共有文書の抜粋が残されている。[41]しかし、宮本が『忘れられた日本人』の「対馬にて」で叙述した寄りあいについては、そのフィールドノートには記載されていない。フィールドノートのその部分が残っていないだけの可能性もあるが、一九五〇年（昭和二五）の対馬調査に際しての伊奈と千尋藻についての部分が複数のフィールドノートに記載されたとは考えにくいので、宮本は、この寄りあいの叙述をフィールドノートに基づいてえがいたのではなく、調査から歳月を経て、その記憶によって書きすすめた可能性が高い。

印象深い経験で、フィールドノートに記録しなかったために、逆に、脳裏に強烈に焼きついていたことであろう。また、そもそも寄りあいの情景などその現場でフィールドノートに記録することは不可能であっただろう。『忘れられた日本人』の「対馬にて」とは、そうしたなかでの叙述であった。

「対馬にて」とは、あくまで、宮本が再構成したハナシであった。しかし、宮本色によったハナシであるがゆえに、あのように、美しい叙述として理想化された合議制をえがくことに成功し得ていたともいえるのである。

＊1 『忘れられた日本人』の「名倉談義」では、「昭和三十一年秋」とその後二回合計三回名倉を訪れたとあり、「名倉談義」は沢田久夫《さわだひさお》（一九〇五－八五）という地元のすぐれた郷土史家の尽力で実現したとあるが、いつ行なわれた調査なのかを明言していない（宮本常一、『忘れられた日本人』四八－四九ページ）。日記のなかでは、一九五六年（昭和三一）一〇月六日に「夕方沢田氏をたずねる」、七日「沢田氏の案内で清水の古文書を見（中略）、宿まで沢田さんとかえって夜一〇時ごろまではなす」（毎日新聞社・編、『宮本常一写真・日記集成 上巻』五八ページ）とあり、翌一九五七年（昭和三二）は、五月一三日「田口を経て六時すぎ名倉につき、夕はんをすまして沢田久夫氏の家にゆく」、一二日「朝、沢田さんの家へ挨拶にゆき（中略）午後一時すぎのバスで名倉をたち、稲武へ出る」（『宮本常一写真・日記集成 上巻』九六ページ）とある。明らかに沢田久夫の全面的な協力のもと

に行なわれた調査であったことがわかる。この間に「名倉談義」の座談会が行なわれたものと推定される。

＊2 宮本常一、『忘れられた日本人』五二－五三ページ
＊3 『忘れられた日本人』五三ページ
＊4 『忘れられた日本人』五三ページ
＊5 『忘れられた日本人』六一ページ
＊6 『忘れられた日本人』六一ページ
＊7 『忘れられた日本人』六一－六二ページ
＊8 宮本常一、「庶民の世界」三三ページ
＊9 毎日新聞社・編、『宮本常一写真・日記集成 別巻』一一八ページ
＊10 「庶民の世界」三三ページ
＊11 『忘れられた日本人』一一八ページ
＊12 『忘れられた日本人』一〇五ページ
＊13 『忘れられた日本人』一〇五ページ
＊14 エラ・ルーウィ・ウィスウェル&ロバート・J・スミス、『須恵村の女たち』一五〇－一五一ページ［人名はイニシャルにした］
＊15 『須恵村の女たち』二二〇ページ
＊16 『家郷の訓』三八－三九ページ
＊17 『家郷の訓』一三五－一三六ページ
＊18 『家郷の訓』一三六－一三七ページ
＊19 『家郷の訓』一三七ページ
＊20 『家郷の訓』二二四－二二五ページ
＊21 『家郷の訓』二四三－二四四ページ
＊22 『家郷の訓』二五八ページ

＊23 『家郷の訓』一五八―一五九ページ
＊24 宮本常一、『民俗学の旅』三七―三八ページ
＊25 宮本常一、『宮本常一 農漁村採訪録Ⅵ 対馬調査ノート（2）』一〇八ページ、『宮本常一写真・日記集成 別巻』一八六ページ
＊26 『忘れられた日本人』七―八ページ
＊27 『忘れられた日本人』八―九ページ
＊28 『忘れられた日本人』一一ページ
＊29 宮本常一、『宮本常一 農漁村採訪録Ⅹ 対馬調査ノート（5）』三八ページ、『宮本常一写真・日記集成 別巻』一八六ページ
＊30 『忘れられた日本人』一二ページ
＊31 『忘れられた日本人』一二―一三ページ
＊32 『忘れられた日本人』一四ページ
＊33 『忘れられた日本人』一五ページ
＊34 『忘れられた日本人』一五ページ［傍点・原文］
＊35 宮本常一、「対馬の漁業制度」一一一ページ
＊36 「対馬の漁業制度」一一一ページ
＊37 宮本常一、「対馬豆酘の村落構造」九ページ
＊38 「対馬豆酘の村落構造」一一ページ
＊39 「対馬豆酘の村落構造」一二ページ
＊40 『宮本常一 農漁村採訪録Ⅵ 対馬調査ノート（2）』一〇八―一〇九、一三三―一五〇ページ
＊41 『宮本常一 農漁村採訪録Ⅹ 対馬調査ノート（5）』三八、四二―五五ページ

第3章

漂泊民的世界の理想化

本章は『忘れられた日本人』の中でも、
特に名作といわれる「土佐源氏」を中心に扱う。
ここで扱われる漂白民的世界の研究は、宮本に先立って
柳田国男をはじめとした数人の民俗学者によって
すでに行なわれていたが、宮本のまなざしは彼らとは決定的に違っていた。
そしてその過程で自身の研究スタイルを
〈歩く〉〈旅〉というイメージを強調したものにしていく。

1 「土佐源氏」のハナシ

「土佐源氏」概略

『忘れられた日本人』だけではなく、『家郷の訓』、そして、晩年の自伝『民俗学の旅』が、宮本の再構成によるハナシであることを明らかにしてきた。といっても、こうした作業を行なってきたのは、それらが正確な叙述から逸脱しているとして否定しようとか告発しようとするためではない。また、こうした宮本の再構成をフィクションであるとして批判しようとするためでもない。宮本色によった再構成、理想化してえがいたハナシから、宮本常一の作品構成の方法を抽出し、そこから学ぶ必要があるのではないかという意味で、このような宮本色による再構成を明らかにしているにすぎない。

くりかえしになるが、『忘れられた日本人』をはじめとする宮本のこれらの作品を、そのままの事実として受けとってはならない。さらには、そうした事実があったと思い込み、それを所与の事実として議論を組み立てても、それは空中楼閣にすぎない。わたしたちが『忘れられた日本人』を読み、そこから汲みとるべきことは、これらのハナシにひそむ宮本の感性と作品構成のための方法であり、それを私たちが活かしていくことであろう。それが『忘れられた日本人』を読む作業なのである。

そして、『忘れられた日本人』についていえば、このような宮本色による再構成を示すもっとも典型的なハナシとして「土佐源氏」がある。名作揃いの『忘れられた日本人』のなかでも、もっとも名作といわれ、坂本長利《ながとし》（一九二九―）のひとり芝居としても知られてきた。

すでに、その加筆などについて、この「土佐源氏」を紹介したが、あらためてこのハナシを概略すると、「土佐源氏」の舞台は土佐山間部、伊予《いよ》国境の檮原《ゆすはら》村、現在の愛媛県境の高知県高岡郡檮原町、そして主人公は橋の下に住む盲目の乞食の老人である。その老人はヨバイの結果の子として生まれた。母親の早世のために祖父母に育てられ、やがて博労《ばくろう》として成長し、高知県と愛媛県の国境で漂泊の人生を歩むなかでさまざまな女性遍歴をする。しかし、漂泊のなかで乞食となり、また、盲目となり、流浪のあと、檮原の橋の下に落ち着いたという。「土佐源氏」はこのひとりの人間のライフヒストリーを、その女性遍歴とともに主人公のひとり語りの形式によりハナシとして昇華させたものであった。「土佐源氏」は、このハナシのタイトルであると同時に、主人公の乞食の老人そのものでもあった。

さて、その具体的ストーリーであるが、「土佐源氏」はその出生がふつうとは異なるところからはじまる。ヨバイの結果としての出生を次のように語る。

わしはてて（父）なし子じゃった。母者《ははじゃ》が夜這いに来る男の種をみごもってできたのがわしで、流してしまおうと思うて、川の中へはいって腰をひやしてもながれん。石垣に腹をぶちあててもおりん。木の上からとびおりても出ん。あきらめてしもうていたら、月足らずで生れた。生れりゃァころすのはかわいそうじゃと爺と婆が隠居へ引きとって育ててくれた。母者はそれから嫁にいったが、嫁入先で夜、蚕に桑をやっていて、ランプをかねって、油が身体中にふりかかって、それに火がついて、大やけどをして、むごい死に方をしなさった。じゃから、わしは父ごの顔も、母者の顔も覚えてはおらん。[*1]

「土佐源氏」は祖父母に育てられるが、学校には行かず、子守娘たちと遊びながら成長する。一五歳のとき祖父の死をきっかけに博労の親方の奉公人となる。この地域の博労は牛の売買が中心であった。博労宿をわたり歩く漂泊がはじまるが、親方と博労宿の「後家」との性をかいま見、そうした性を覚えていく。しかし、ムラ人として成長したのではない「土佐源氏」はムラの「若衆仲間」には入っていないので、ムラの娘との性関係を持つことはできなかった。それが先に紹介した「土佐源氏」は娘のところにヨバイに行ったことはない、というひとり語りとなる。

次のようにも語る。

わしのように村へはいらんものは村のつきあいはしなくてもええ。そのかわり、世間はまともな者には見てくれん。まともなこともしておらんで…。それでけっく（結局）だれにもめいわくをかけん後家相手にあそぶようになるのよ。それも親方のお古が多かった。[*2]

その後、「土佐源氏」が奉公した親方が亡くなり、博労として一人立ちをするが、親方と関係のあった「後家」の娘と結婚し、そのあとは博労をやめ、和紙の原料、楮《こうぞ》の仲買人となる。しかし、すでに加筆についてのところで紹介したように、営林署の役人の「嫁さん」、そして、元庄屋の県会議員の「おかた」と性関係を持つ。「土佐源氏」のなかでもそのクライマックスはこの二人の女との性のひとり語りであった。

「土佐源氏」はやがて盲目となる。四国八八ヶ所（お遍路）に出るなどして漂泊しつつ、そののちに、乞食とでもいうべき状態で土佐檮原に落ち着く。そして最後は、その女性観を吐露してそのひとり語りは終わる。

あんたも女をかまうたことがありなさるじゃろう。女ちうもんは気の毒なもんじゃ。女は男の気持になっていたわってくれるが、男は女の気持になってかわいがる者がめったにないけえのう。とにかく女だけはいたわってあげなされ。かけた情は忘れるもんじゃァない。

わしはなァ、人はずいぶんだましはしたが、牛はだまさだった。牛ちうもんはよくおぼえているもんで、五年たっても十年たっても、出あうと必ず啼くもんじゃ。なつかしそうにのう。牛にだけはうそがつけだった。女もおなじで、かまいはしたがだましはしなかった。[*3]

女性遍歴とこの最後の処世訓のひとり語りこそが、「土佐源氏」の土佐〈源氏〉たるゆえんであった。しかし、このひとり語りの形式による「土佐源氏」も宮本色によるハナシであったとすれば、そこでロマンティックに描かれたその女性遍歴がそのままの事実であったかどうか、また、この最後の処世訓によるハナシの結末も、それが事実としてあったかどうか、疑問を持つ必要があろう。

「土佐源氏」の人物像

もっとも留意すべきは宮本が再構成してえがいたこの「土佐源氏」の人物像である。「土佐源氏」はふつうのムラ人としての生涯をおくったゼロ記号の庶民ではない。ムラの外を漂泊するムラ人ならざる庶民であった。マイナス記号を付与されたやや被卑視される存在である。そもその出生がヨバイの結果であり、その幼少期の成長もムラ人としての地点からはずれかけていた。青年期は博労としての修業時期であり、漂泊の博労として一人前となっていた。もっとも、「土佐源氏」の語る博労の世界が漂泊者であったからといっても、この地域の博労のすべてがこの「土佐源氏」のような漂泊者であったとは考えられない。おそらくは「土佐源氏」の目線からみた博労の世界がこのような漂泊と性の世界であったのだろう。あるいは宮本のえがこうとした博労の世界がこうしたものであった。そして、このような漂泊者としてマイナス記号の「土佐源氏」ではあったが、逆にそうであるがゆえに、地域社会の最高ランクの女と性関係を持つことができていた。

ゼロ記号のムラ人であれば不可能であったそれを、漂泊者「土佐源氏」は可能にしていた。マイナス記号がその一瞬だけプラス記号に転換している。それが「土佐源氏」の性の物語を美しくさせた要素でもあった。

『忘れられた日本人』から五年後、宮本は、『生業の推移』(一九六五)のなかで、わずかなセクシヨンだけであるが、ミニ「土佐源氏」とでもいうべき作品を書いている。「土佐源氏」のようにひとり語りではなく、客観的叙述スタイルで、また、主人公は東北地方の岩手県であり、遠距離の駄賃づけとでもいうべき「牛方《うしかた》」のハナシである。「土佐源氏」ほど知られておらず、また、「土佐源氏」ほど宮本色も出ていないと思われるが、これも印象深い物語である。

私はかつて北上山中の遠野の在で、年老いた牛方から興味ある話をきいたことがある。この牛方は、若いころ北上山中の鉄を信濃川流域あたりまで運んでいたという。親方からたのまれて、一ハヅナ五頭から七頭の牛に鉄のズクを俵に入れたものをつけて出かける。その出かける時期は春が多かった。これは若草が茂っているからで、道ばたの草をくわせれば牛宿で餌をそれほどやらなくてもすむ。郷里を出て北上川流域に出、一ノ関から奥羽山脈の東麓を南下して陸前(宮城県)に入って峠を越えて羽前(山形県)へ出る。途中牛宿があればそこに泊ることもあったが、たいていは野宿した。

さて山形から米沢へ出、そこから越後（新潟県）へ越えて、こんどは信濃川に沿うてさかのぼる。そして三条（新潟県）のあたりで鉄を売ってしまうこともあれば、信濃（長野県）の飯山あたりまで持っていくこともある。*4

新潟県三条市は現在でも地場産業としての鉄器生産が盛んな地域である。ズクと呼ばれた銑鉄《せんてつ》を牛で輸送し、信濃の飯山までいくこともあったが、おおむね越後の三条で売っていたというのである。

鉄を売ると同時に牛も売った。荷をつけない牛を奥州までひいて帰るのはたいへんめんどうだったからである。したがって信濃川の流域には南部牛がきわめて多く、この地方ではその牛を使って海岸地方から山中へ塩を運んだといわれている。*5

南部の牛が信濃川流域の運輸業に活躍したという。そして、主人公の「牛方」は次のようになる。

さて牛方は鉄を売り、牛を売った金を持って故郷に帰っていく。早くて一カ月、時には二カ月をかかることがあり、一年に二回か三回もやってくることができればたいへんな上出来で、時には一年に一回の旅しかできぬこともあった。出かけるときは何人もいっしょで、にぎやかであったが、途中で分れ分れになり、帰るときはいつも一人であった。金だけ持って荷も何も持たぬ一人旅なので、つい気楽になり、途中で女郎などを買って楽しんでくることが多く、歌も習い覚えて、村へ帰ればまた村の娘たちには憧れの的になったものであるという。*6

鉄も牛も売ってしまい、空手になった「牛方」は「女郎買い」をするなどしてから帰郷し、帰ると娘たちにモテモテだったというのである。

「牛方」は親方に雇用されて野宿をしつつ、鉄と牛の行商をするのであるから、零細な農家あるいは雑業層の子弟であったことだろう。それが一〜二ヶ月の長旅の行商に出かけるのである。「土佐源氏」ほどではないにせよ、この「牛方」もややマイナス記号の保有者である。しかしその「牛方」は、おそらくは、鉄と牛の売上金の一部を使ってであろう「女郎買い」をして、さらに、帰郷すればモテモテであった。どこかプラスの側面も持っている。

漂泊および漂泊民をプラス記号とマイナス記号の共存、転換可能な両義的存在としてえがくのが宮本のスタイルであった。また、漂泊それじたいと漂泊民を、定着民から見た視点のみでえがくのではない。漂泊民を中心にすえて、その地点から彼らとその生活をえがくのが宮本の叙述方法である。「土佐源氏」とはそのような宮本色がもっとも強く出たハナシであった。

土佐檮原の事実

しかしいっぽうで、このような宮本色のハナシとしてではない、「土佐源氏」をめぐる事実が存在していた。

事実と宮本色のハナシとの異相である。

宮本が土佐檮原村をおとずれたのは一九四一年（昭和一六）二月、故郷周防大島から愛媛県に入り、高知県から徳島県に出るフィールドワークの最初の段階であった。『民俗学の旅』は次のように回想する。

昭和十六年の一月を迎えると郷里へ帰った。そしてそこで一月の末まで農具の調査をし、四国へ旅立った。郷里から船で愛媛県三津浜へ上陸すると八幡浜行の汽車に乗ったが、その汽車の中で大洲の奥が大雪に見まわれたという話をきいて、その雪の中を歩いてみようと思い、大洲で汽車をおり、肱川にそうて奥へ歩いていった。そして韮が峠こえて高知県檮原村に入った。そこから愛媛県にこえ、高知県にこえ、県境を縫うようにして宇和島へ出た。*7

このあと、宇和島から再び高知県に入り、海岸部の宿毛《すくも》・足摺岬《あしずりみさき》・土佐清水・中村、高知へ出て、寺川を経て徳島県に入り祖谷山《いややま》・池田まで行き、このフィールドワークを終わっている。四国の山間部から西南部の海岸部全般におよんだフィールドワークであった。そのフィールドワークの最初の時期、愛媛県から韮《にら》ガ峠を越えて高知県に入った時点で、「土佐源氏」の舞台である檮原村に入っていたことになる。

経路から推測しても徹底したフィールドワークであったことだろう。しかしこの四国調査の調査報告、民俗誌は残されていない。宮本は、アジア太平洋戦争末期、一九四五年（昭和二〇）七月一〇日の大阪府堺市空襲により自宅が被災、それまでのフィールドノート・原稿の大半を焼失したが、その焼失したもののひとつがこの四国調査のものであった。

私は渋沢敬三先生にすすめられて全国の民俗採訪旅行をすることになり、そのとき五〇冊ほどの採訪記をかくことをお約束した。そして旅から戻って来るとノートの整理をしていった。そのうち本になったのは、吉野西奥民俗採訪録・出雲八束半島民俗聞書・屋久島民俗誌・越前石徹白民俗誌であった。終戦前仕上がっていた原稿は、おしらさま採訪記・三河山中民俗採訪録・鵜飼調査資料・淡路沼島民俗誌・西日本魚方言採訪記・周防大島農具調査記録・中国山中民俗採訪録・宝島民俗誌・四国民俗採訪記などが記憶にある。それらの大半が灰になった。*8

この回想は、焼失しなかった原稿をもとに、アジア太平洋戦争敗戦後の調査を含めて大隅半島のフィールドワークをまとめた『大隅半島民俗採訪録』（一九六八）の「はしがき」のなかの一節である。最後に記された『四国民俗採訪記』が、この一九四一年（昭和一六）一二月の四国調査によるものであったと考えられる。なお、宮本は、堺市空襲によって自宅とともにフィールドノート・原稿を焼失したが、これを正確にいえば、アジア太平洋戦争敗戦以前の焼失前に、完全体の民俗誌として『アチックミューゼアムノート第二二　出雲八束郡片句浦民俗聞書』（一九四二）・『日本常民文化研究所ノート二〇　吉野西奥民俗採訪録』（一九四二）・『日本常民文化研究所ノート第二六　屋久島民俗誌』（一九四三）の三冊を刊行、アジア太平洋戦争敗戦後、焼失をまぬがれた原稿を再整理して刊行したのが、『越前石徹白民俗誌』（一九四九）といま紹介した『大隅半島民俗採訪録』（一九六八）の二冊、著作集のなかで宮本が生前のうちに再整理して刊行したのが『宝島民俗誌』（一九七四）・『中国山地民俗採訪録』（一九七六）の二冊であった。したがって、すべてが焼失したわけではなく、焼失しなかったフィールドノート・原稿もある。しかし、一九四一年（昭和一六）一二月の四国調査についてはそのほとんどが焼失したものと思われる。

したがって、この四国調査の調査内容については、厳密にいえば、私たちはそれを知ることはできない。そうしたなかで、この四国調査をベースに宮本が執筆したハナシがこの「土佐源氏」であった。同じく『忘れられた日本人』にある「土佐寺川夜話」は、このときのフィールドワークではなく、同年一二月のフィールドワークによるものである。堺市空襲により『四国民俗採訪記』の原稿は焼失した。そして、宮本みずからの回想によれば、このときのフィールドノートも焼失していた。

宮本は、『日本残酷物語 第一部 貧しき人々のむれ』(一九五九)に「土佐檮原の乞食」のタイトルのもとに、月刊誌『民話』の「土佐源氏」に加筆し発表したあと、次のように述べている。

実際にはもっとながい話なんですけれど、不思議にね、たいていはノートをこまかにとるんですが、それをノートを非常にこまかにとっておったんですけれども、そのノートは焼いたんです。それにもかかわらず、おぼえておったんです。それほど印象のふかい話だったんです。*9

これは、一九六〇年(昭和三五)、月刊誌『民話』第一八号に掲載された、岡本太郎(一九一一―一九九六)・深沢七郎(一九一四―八七)との対談「残酷ということ」のなかで、岡本からそのニュースソースをたずねられ答えたときのものである。「土佐源氏」とは、その調査は一九四一年(昭和一六)であったが、そのときのフィールドノートおよび原稿は空襲のため焼失し、その印象深い記憶によって書かれたハナシであった。それを宮本みずから話している。しかし、印象深かったとしても、その実際のフィールドワークから十数年を経てからの執筆である。おのずと、聞き書きの内容からの変形はまぬがれ得ないであろう。

そして現在では、この「土佐源氏」が、その内容のもっとも基本的な点で、檮原村に存在していた事実とは異なることが明らかにされている。それは、高知新聞社の山田一郎がその『高知新聞』

での連載「土佐風信帖　うみやまの書《ふみ》」の第二二回・第二三回（一九九一年六月一七日第三面・六月二四日夕刊第三面）のなかで、「土佐源氏」のモデルであった人物をつきとめ、「土佐源氏」とモデルの事実との違いを指摘したことにより明らかにされた。山田を承けて「土佐源氏」再考とでもいうべき議論も行なわれているが、*10 基本的な指摘は山田を大きく出るものではなかろう。

「土佐源氏」の与えるインパクトは、そのひとり語りの主人公が橋の下に住む漂泊の乞食であるという点にある。しかし、そのモデルの事実はそれとは異なり、宮本採訪時、盲目で橋の近くに住んでいたが、橋のたもとに水車小屋を造り製粉・精米業をいとなんでいた人物というから、明らかに乞食ではない。ただ、たいへん話し好きの人物であったという。

高知新聞社の山田によれば、「土佐源氏」のモデルのライフヒストリーは次のようなものであった。仮にTさんとしておこう。Tさんは一八六四年（元治一）現在の愛媛県西予《せいよ》市野村町に生まれた。野村町は高知県高岡郡檮原町からみると、県境の韮ガ峠を越えたところに位置する。野村町の財産家の婿養子となったが退転して、壮年になってから妻とともに、檮原に落ち着くことになった。妻の叔母がこの地の旅館に嫁いでいたことがきっかけではなかったかという。そして、Tさんは博労をするほか馬を持ち人を雇い駄賃づけをもしていた。また、水車と水車小屋を自力で建設して製粉・精米業をも行なっていた。ただ、すでに述べたように、宮本が訪ねた一九四一年（昭和一六）二月時点では失明していて、妻・子供が水車による製粉・精米業を手伝い、Tさんみずからは座敷にすわり、訪ねてくる人に、おもしろおかしくいろいろな話を聞かせていたという。Tさんが亡くなったのは一九四五年（昭和二〇）二月、その妻が亡くなったのもそれからしばらくしてからであったという。[*11]

ひとくちに土佐檮原といっても、檮原は面積が広い。Tさんが住んでいたのは、伊予つまりは愛媛県との国境に近い茶《ちゃ》や谷《だに》という集落である。茶や谷を含めて、この地域はかつて焼畑が盛んで、それにより黍《きび》・蕎麦《そば》などの栽培が行なわれていた。山間ではあるが幾筋も流れる小河川の周囲には段々に切り拓かれた水田も広がる。現在はかつて焼畑であったところは植林されて、地滑り・山崩れを防ぐとともに、それが水源涵養林ともなっている。したがって、Tさんが生活をしていたころの茶や谷は、現在のような生い茂る植林にかこまれていたのではなく、[*12]畑地・水田として拓かれた一面を見渡すことができ、そしてまた、植林が少ないために水源涵養がなく、河川の水量がいまよりもいっそう豊富な農山村であったと思われる。Tさんは、その豊富な水資源により水車をまわし、畑地・水田から収穫される栽培作物について製粉・精米業をいとなんでいたことになる。「土佐源氏」のモデルTさんはかつての茶や谷の生業環境のなかにとけ込んで生活をしていた人物と考えることができる。

茶や谷についてもうすこし説明すると、茶や谷は、四万十川《しまんとがわ》の支流四万川《しまがわ》のそのまた支流、源流部分に位置する。茶や谷の川筋ではこれより奥にムラはない。しかし、西北方に韮ガ峠を越えれば愛媛県西予市野村町であり、Tさん夫妻やその叔母が愛媛県西予市野村町出身であったように、かつてはこの峠をはさんで、物資だけではなく愛媛県との交流も盛んであった。叔母の嫁ぎ先が旅館であったように、この茶や谷にはかつて旅館・商店もあり、韮ガ峠をはさんだ高知県側のムラとして交通の要地であった。植林された木々のなかに静かな農山村のたたずまいを見せる現在の茶や谷から推測することは難しいが、かつては畑地・水田がひろがる景観のなかに、県境をはさんで人間・物資が頻繁に行き来する、それが茶や谷のかつての姿であった。農作業をするムラの人間だけではなく、往来する人間もよく見ることができたはずである。「土佐源氏」では季節が冬ということもあり寒々しい感覚がただよってくるが、事実としてのTさんあるいは「土佐源氏」の背景には、国境のムラによくある交通の要地、人間・物資も動く経済活動も活発な地域性がうかびあがってくる。

そのような動態的な地域社会のなかで、Tさんあるいは「土佐源氏」は県境をまたにかけた人生をおくっていた。そしてそれはTさんあるいは「土佐源氏」だけではなかった。茶や谷も含めて檮原町は遍路道からははずれ、四国八八ヶ所の寺院があるわけではないが、ヘンドと呼ばれる人たちが流浪していた。この地域では乞食として認識されているが、愛媛県から高知県の山間部を漂泊する人たちであった。行商・駄賃づけなどの運送業も多かったという。旅館・商店の存在がそれを物語る。また、現在でも数多く残る、弘法大師（薬師如来など複数の仏像・石像も併祀されることが多い）を祀る茶堂《ちゃどう》（お茶堂）は、行商人・運送業者、ヘンドなどの漂泊者などの中継場所でもあった。

このように漂泊者が多いのがこの地域社会の特徴であった。

「土佐源氏」のハナシ

そして、宮本色による「土佐源氏」をあえていえば、「土佐源氏」は土佐檮原に定着する農民ではなく、その周辺を流浪する漂泊者である。「土佐源氏」のひとり語りは、ムラの外で生きた人物のそれであった。

しかし、高知新聞社の山田が明らかにしたそのモデルのTさんは、そのような漂泊者ではない。確かに伊予から韮が峠を越えてきた移住者ではあるが、檮原の環境にとけこんで定着していた。漂泊者の多い地域ではあるが、モデルのTさんはムラの定着民であり、「土佐源氏」が漂泊者であることとは根本的に異なっている。モデルのTさんが乞食ではなく、「土佐源氏」ではそれが乞食とされたという、事実とハナシとの違いだけではなく、もっとも重要であるのは、このように、モデルのTさんは定着民であるが、宮本がえがいた「土佐源氏」は定着民の周辺を漂泊する両義的な漂泊民に質的転換をとげているという根本的な違いであった。ここに、特定の素材をベースにして宮本色によって調理された「土佐源氏」のハナシたるゆえんがあった。

たいへん話し好きだったというTさんが虚実まじえておもしろおかしく語った話を、宮本がフィールドノートを焼失していたために、記憶をたよりに上手に編集したとも考えられる。

ただ、それでも、一人称によるひとり語りの叙述は、読者においてもイメージだけがひとり歩きする。たとえば、「土佐源氏」の性の物語の、高知県側でのひとつめの美しいクライマックス、営林署の役人の「嫁さん」との逢瀬のところである。

秋じゃったのう。

わしはどうしてもその嫁さんとねてみとうなって、そこの家へいくと、嫁さんはせんたくをしておった。わしが声をかけるとニコッと笑うた。わしは『上の大師堂で待ってるで』というて、にげるようにして、その家の横から上へ上る小道をのぼっていった。家のすぐ上の所から小松がはえていて、その中を通っている急な坂道を一丁近くもあがると、四角な大師堂が大きな松の木の下にある。毎月、二十一日にはおまいりがあるが、常日頃はだれもまいるものはない。(中略)秋のいそがしい時でのう、小松の間から見える谷の田の方では、みな稲刈りにいそがしそうにしておる。*13

やがて夕方、営林署の役人の「嫁さん」が「大師堂」にやってくる。大師堂での逢瀬は次のようであった。

わしがニコッと笑うたら、嫁さんもニコッと笑いなさった。それからあがって来た嫁さんの手をとって、お堂のところへつれていってあがり段に腰をおろした。そしたら嫁さんが人の目につくといけんからというて、お堂の中へはいっていった。わしもはいった。*14

美しくえがかれたこの逢瀬の場所は「大師堂」であった。秋の夕暮れどき、稲刈りの真っ最中ということであるから、秋晴れの夕方が情景としてうかぶ。

さてこの逢瀬の場面であるが、この物語は秘めごととして語られている。読者は、「嫁さんが人の目につくといけん」から「お堂の中へはいっていった」という語りを、密室での秘めごとの性として読むだろう。ふつう現代の読者のイメージするこうした「大師堂」、「お堂」だけではなく神社の社殿などはその内部は木板によってかこわれた閉鎖空間であるから、読者はこの語りの場面を密室での性として読んでしまう。

しかし、この地域の「大師堂」はそのような構造ではない。弘法大師像などの置かれた背面には木板があるが吹き抜けで、前方と左右側面は完全な開放的空間となっている。また、正確にいえば、「土佐源氏」では「大師堂」とあるが、高知県と愛媛県境の地域は、高知県側ではふつう弘法大師を祀るお堂とは、さきにも述べた茶堂のことである。茶堂の祭日はたいていは三月二一日・七月二一日（旧暦のばあいが多く特に七月二一日は月遅れの八月二一日に移動していることが多い）で、「土佐源氏」で祭日が二一日とあるのはそれをいいあらわしている。しかし、「土佐源氏」では、それが茶堂とはされずに「大師堂」とされていた。たいていは集落からすこし離れた位置にあり、これは「土佐源氏」の「大師堂」の叙述でも、現在も分布する茶堂でも同じであり、また、「土佐源氏」で「四角な大師堂」というように、茶堂が四角なお堂であることも事実である。

宮本が茶堂ではなく「大師堂」としたことは、読者が理解しやすいようにとの配慮であったかもしれない。しかし、もっとも根本的な問題点は、この地域の茶堂の構造が開放的な吹き抜けであった、そうした構造上の事実を叙述しないで、あたかもそれが「大師堂」のなか、密室での秘めごととしてえがかれたことにあった。また、すでに述べたように、茶堂はかつては行商人や駄賃づけをはじめヘンドと呼ばれる乞食などが立ち寄る空間でもあった。

茶堂については、高知県だけではなく四国全域の概括的な調査報告書もあり、それによっても、こうした茶堂の構造と性格を知ることもでき、これらについては、高知県の茶堂だけではなく、四国全域の村落レベルの弘法大師堂にほぼ共通する特徴ではないかと思われる。[*15]

「土佐源氏」の読者は、「人の目につくといけん」から「お堂の中へはいっていった」というと、その固定観念によりふつうは扉と木板によって閉じられた閉鎖空間での秘密の逢瀬をイメージする。その密室性による秘めごとを想像し美しく空想する。しかし、この地域の茶堂、「土佐源氏」のいう「大師堂」は、扉と木板による閉鎖空間なのではなく、屋外とそのまま連続する開放的空間であった。また、他の漂泊者の立ち寄りも頻繁であった。したがって、もし仮に、この「土佐源氏」と営林署の役人の「嫁さん」との逢瀬があったとすれば、その逢瀬は密室での逢瀬ではなく、晴天の秋の夕暮れどき、開放的空間での逢瀬であったということになる。

えがかれた物語を、宮本が取材した現場に即して再現するとこのようになる。

宮本自身が、茶堂の構造を意識してこの叙述を行なっていたかどうかを確かめることはできない。仮に、宮本がこの地域の茶堂が吹き抜けの構造で、開放的空間であることを前提としてこの「土佐源氏」の物語をえがいたとすれば、この逢瀬の美しさは、その秘めごと性にあるのではなく、逆に、開放性であったとみなすことができる。もちろん、開放的空間のそこでの逢瀬が可能であったかどうか、と問いかけることもできるが、それは野暮というものであろう。

このように、高知新聞社の山田一郎が「土佐風信帖 うみやまの書」で明らかにした「土佐源氏」のモデルTさんの事実をふまえて、「土佐源氏」をその地域に即して読み直してみると、そこにうかびあがってこざるを得ないのは、宮本による「土佐源氏」の明らかな再構成であった。ふつう民俗学者とされる宮本の文章をフィクションとして読む読者は少ないだろう。それを実話として読むはずである。小説家とされる著者の物語なら、それをあらかじめフィクションとして読む。もちろんフィクションであっても、事実に取材することは多いわけであるから、それをもってして完全な虚構とすることはできない。それでも、フィクションはあくまで事実として認識されないがゆえに、まさしくフィクションなのである。

しかし、宮本の再構成のハナシは事実として読まれ、事実として認識される。そのハナシが、宮本特有の写実的叙述であるということもあり、それが事実とズレていることが気づかれることも少ない。ただ、これまでみてきたように、「土佐源氏」をその現実との対比のなかで読み直したとき、そこでうかびあがってくるのは、「土佐源氏」がフィクションではなく、いっぽうでは、事実の正確な叙述でもなく、事実とフィクションのあいだにあって、宮本色によってロマンティシズム色濃く染め上げられていたということであった。

ハナシ集としての『忘れられた日本人』

これまで、『忘れられた日本人』のなかの「名倉談義」「対馬にて」「土佐源氏」、そして、『忘れられた日本人』以外に『家郷の訓』『民俗学の旅』などを紹介しながら、それらにおける宮本色によるハナシとしての再構成を明らかにしてみた。これらにおける濃厚な特徴は、宮本がそのフィールドワークで獲得した事実を、客観的なモノグラフとして記録しようとしていたのではなく、みずからの感性によって再構成していたことであった。もちろん、すでに述べたように、宮本が一九四五年（昭和二〇）七月の堺市空襲で自宅とともにそのフィールドノート・原稿を焼失するまでの著作を中心に、民俗誌としてまとめたモノグラフもある。しかし、いっぽうでは、このようなモノグラフであることをあらかじめ放棄したハナシも多かったのである。

そして、宮本をしてその名を世に知らしめたのは、モノグラフでもなく、また、学術的著作でもない、このような、フィールドワークの周辺からえがいたハナシ集であった。

くりかえしになるが、これらのハナシ集を事実として、あるいは、モノグラフとして読んではならない。たとえば、「名倉談義」「女の世間」「対馬にて」はムラ社会を理想化し、「土佐源氏」はロマンティシズムあふれるハナシとしてえがかれていた。従来、こうした宮本のハナシが、あたかも事実に忠実であったかのように受けとられてきたが、そのような受け取り方をしてはならないということである。

2 基準としての漂泊民的世界

「群」と機能集団としての村

宮本常一ほど漂泊民を重視し、定着民からみた漂泊民ではなく、漂泊民の視線から歴史と文化をえがこうとした研究者もいないだろう。民俗学などという狭い分野だけではなく、人文科学全般のなかでそれを指摘することができる。特に、一九六〇年代以降、総合社会史とでもいうべきその研究が確立していた時期には、そうした傾向が顕著であった。[*16] たとえば、「土佐源氏」のモデルは定着民でありながら、宮本はそれを漂泊民の「土佐源氏」のハナシとして再構成していた。また、『生業の推移』(一九六五)に叙述した岩手県遠野の「牛方」でも、その漂泊を肯定的にえがいていた。それらにとどまらず、宮本の漂泊民からの視線は広範囲におよぶ。漁村はもちろんのこと、山村・農村、また、都市でも、定着民の社会をめぐって漂泊する人たちから見える世界をえがこうとしていた。

こうした宮本における漂泊民を中心においた視線は、あえてここで指摘しなくても、すでに多くの読者によって気づかれてきたことだろう。

ここであらためて留意したいのは、宮本に漂泊民からの視線があったということではなく、より積極的に、その漂泊民的世界に社会の原型とでもいうべきものを求める思考を持っていたのではないか、ということである。漂泊民的世界の理想化でもあるが、それを基準として、日本社会を俯瞰し、また、その総合社会史を叙述しようとする姿勢が宮本にはあった。

一九六〇年代以降に完成されてきた宮本の総合社会史は、複合的な畑作農耕文化中心、多様な民衆文化を複合的に把握することによっていた。[*17] その総合社会史的著作のひとつ、『双書・日本民衆史4 村のなりたち』（一九六六）では、周防国（山口県）岩国藩領を例として、そこで「刀禰」「擬郡司」「弁済使」と呼ばれる村の「代表者」について述べたところで、次のようにいう。

村は本来群であり、移動性の強い群が新しい生活の場を見つけて移動していく。その伝統はその後もタタラ師や漁民の仲間にうけつがれていくが、それ以外のものは農耕に転じて定住をはじめる。そういう民衆を地域的に区画して里や郷がつくられたが、その中には古い村が内包せられていた。ところが郷や里の外に開墾を中心にして荘園が発達し、やがて、公領としての郷や里をも漸次その中にまき込んでいくようになる。[*18]

村はほんらい「群」であるという。漂泊する「群」があらかじめあり、それが定着して村が形成されたというのである。定着民の村を共同体および人間生活の原型とするのではなく、漂泊する「群」をこそその原型としている。

これは宮本の縄文農耕論、複合畑作農耕論とも関係している。漂泊性の高い、たとえば、縄文時代の狩猟・採集に、焼畑農耕・畑作農耕が複合的に混淆し、複合的生業文化が形成されてきたという。それは漂泊民的世界が徐々に定着民的世界へと移行していく過程でもあった。

狩猟採取の生活をつづけてきた人たちが畑作、あるいは焼畑耕作などをあわせおこなうようになってきたことは十分想像せられるのである。なぜなら石斧や石鎌の多数の残存がこれを物語ってくれる。石鎌は稲の穂首をつむためのものであったと思われるが、アワもヒエもキビも穂をつみとる。そして粟はいまもそれがおこなわれており、ムギも穂をむしりとる場合が多い。[*19]

漂泊的民世界から定着民的世界へと展開し、その共同性とともに、複合的生業文化を発展させてきたという。このような社会の自生的な展開を重視する宮本においては、政治体制は後発的で社会の表皮にすぎないとされる。

私の言いたかったのは、民衆の村落生活の組織と機能は古い時代から共同体制をもってきていたということであった。それが政治的な制度によっていろいろの名称でよばれ、また区画せられたことがあったが、その根底においては民衆は自分たちに必要な必然的な生き方をしてきたと思う。[*20]

宮本においては、おのずと、政治体制によって形成された地域社会は否定的にとらえられることになる。『双書・日本民衆史5 町のなりたち』（一九六八）のなかで、城下町について次のようにいう。

城下町の町民たちに、町民としての自覚も自主性もあろうはずはない。したがって町民による自治組織も生まれるはずはなかった。仮にそれがあるように見えたとしても、それは商人町だけのことであった。そして武家町と商人町にははっきりとした区別があり、武家町の方はそのまま領主に隷属して自治のかけらも見られなかったし、商人町は領主や武士をぬきにしては生活がたたないので、町内会的な自治はあっても自分たちの町を守るというような気魄はなかったのである。*21

政治体制による城下町における武家町・商人町について、それらは、自生的に発達してきた「群」としての共同体ではないとされている。

さらに続けて次のようにもいう。

このような不思議な町が、何百というほど生まれて来ても、それによって町民意識や市民精神のようなものは生まれて来るはずはなかった。[*22]

村の原型を、漂泊する「群」におき、漂泊民的世界を定着民的世界に先行させ理想化していた宮本において、その定着民的世界をおおう政治体制のなかには共同体は存在しないと言い切っている。自生的な「群」を基準とする宮本ならでの指摘であるといってよいだろう。こうした指摘は、宮本における独特な村の定義としてもあらわれる。村を特定の面積を持ちそこに定着する人々による地域社会ととらえないのである。

農村は今日まで一つの地域的な社会としてとらえられてきているけれども、私はむしろその機能的な面から見て同業組合あるいは同業者集団であると思っている。それは商業組合や職人組合とおなじものだと思っている。近世封建の支配者たちも農村を百姓株の集団としておさえ、またその経営する土地を面積でおさえず、出来高でおさえていた。われわれが幼少の頃までは、私の郷里では耕地を売買するのに面積は問題にならなかった。加調米（小作料）の高できめられたものであった。[*23]

宮本は、村を地域社会としてではなく、機能集団ととらえている。ここでいう「機能」とは人類学における機能主義の「機能」ほど方法論的用語ではなく、ふつうイメージされる農業についても、それを農業者集団という意味で「同業組合」「同業者組合」とする。

次のような例示は説得力がある。

農民が単なる地域集団としてとらえられていなかったことは、海岸地方で農家と漁家が一地域にあるところで、漁家は漁家の集団として農家は農家の集団として把えられ、庄屋を別々においている例すら見られた。(中略)中世にあっては集落は属人主義的であったところが多い。人が主体で土地は人についているものとせられたから、一人の人の所有地が方々に分散しており、その人がA村に住んでいるとするならば、A村の飛地が方々に分散していることになる。(中略)大阪平野などでも、田畑一枚一枚で村がちがっているところが少なくなかった。地図の上に赤線一本をひいて、それが村境であるというような例は少なかった。それは属人主義のためであった。[*24]

面としては同じ地域に広がりながら、漁家集団と農家集団とが異なる機能集団として存在している例があるという。これは山口県日本海側の見島《みしま》などを念頭においているのであろうか。たとえば、見島は地方《じかた》(農業者)と浦方《うらかた》(漁業者)によって地域社会のなかが分かれていた。[*25] また、土地の所収が村内におさまらず飛地の形態が多いことなども、農業者を中心として土地を従属させるためであるという。

宮本は、定着民的世界以前に漂泊民的世界をおき、それを原初形態として基準にしているために、こうした村の農民であってさえも、それを地域社会としてではなく、機能集団としてとらえる方法を提示していた。そして、その前提にあったのが漂泊を定着以前におき、定着が村を形成させたのではなく、それとは逆に、人間集団の存在こそが「群」としての村の形成を行なっているという基本認識であった。そこには、宮本のタフなフィールドワークの経験が基底にあったことだろう。たとえば、『忘れられた日本人』の「土佐寺川夜話」にえがかれた流浪するハンセン病患者との出会い、漁村社会史研究のなかでの家船《えぶね》生活者・海女《あま》などの調査、そうしたみずからの足でかせぐ宮本のフィールドワークにおける漂泊民的世界との出会いが、こうした漂泊民的世界の「群」を基準とする発想の原点にあるのかもしれない。

柳田国男・喜田貞吉・折口信夫の漂泊民研究

このような宮本の指摘は一九六〇年代に積極的であったが、民俗学では、被差別民研究とも関連する漂泊民的世界の研究は、それより約四〇年から約五〇年前の一九一〇年代から一九二〇年代に活発であった。

その最初の代表例として、柳田国男の「『イタカ』及び『サンカ』」（一九一一―一二）、「毛坊主考」（一九一四―一五）、「山人考」（一九一七）などがある。これらのうち、「『イタカ』及び『サンカ』」を例とすれば、サンカ（山窩）とは何かと問いかけつつ、サンカとは定着民とは異質な漂泊民であるとし、なぜならば、彼らはたとえ定着しても被差別民として位置づけられているからであるという。柳田は、どのように調べたのか不明確であるが、その漂泊民としての実態について、次のようにいう。

大坂《ママ》其他の市街地には此徒の混入して常人の職を営む者あり。又は荒野、河原などの不用地に於て居住を公認せられ戸籍に編せらるゝ者段々多くなる傾はあれども、此徒の特色として農業を好まざる故に土地との親み今尚甚だ少きなり。（中略）彼等はジプシイなどゝ異なり決して大群を為さず力めて目立たぬやうに移転す。一月二月間の仮住地に於ても小屋の集合すること二戸か三戸に限り且つ其地を択ぶこと巧妙にして人里に近くして而も人の視察を避くるの手段尤《ママ》も周到なり。例へば京都にては東山に此者住することを知れども、其場所を突留むること難く、東京の西郊二三里の内にも多分サンカならんかと思はるゝ漂泊者の小屋掛あるなれど警察官すら其出入を詳にせざるが如し。[*26]

大阪・東京のサンカの実態を紹介しつつ、「常人」と対比させ彼らが「常人」とは異質な生活スタイルを持っているという。そして、サンカの主な職業が「箕直し」であり、関東地方の被差別部落では「箕直し」を職業とするばあいが多いことを指摘し、サンカと被差別部落との関連性をいう。[*27]
このように、一九一〇年代の柳田民俗学は漂泊民としてのサンカを被差別部落との関連性においてとらえるが、それは差別者＝定着民からみた被差別者＝サンカという視線が貫かれていた。それは官僚柳田の社会政策的視線でもあったことであろう。

柳田の漂泊民的世界への視線は、宮本が漂泊民的世界を基準としてそこから定着民的世界をみようとした視線とは、ベクトルが真逆であった。柳田においては、あくまで定着民的世界からみた漂泊民的世界また被差別部落民であった。

一九一〇年代に漂泊民的世界に強い関心を持っていたのは柳田だけではなかった。考古学・歴史地理学にも造詣の深かった文献史学者の喜田貞吉《きたさだきち》（一八七一－一九三九）が提唱した「日本社会史」も、日本民族社会形成史とでもいうべき史観により、日本民族・社会の形成が単一ではなく複合的であるという基本認識のもとで被差別部落民研究を行ない、それが結果的には多様な漂泊民研究としても結実していた。一九二〇年代にまでそれは継続し、喜田みずからが主宰した雑誌『民族と歴史』（一九一九年一月創刊→一九二三年一月『社会史研究』と改題。一九二三年一二月終刊）に発表した「エタ源流考」（一九一九）・「声聞師考《しょうもんじ》」（一九二〇）・「散所法師考」（一九二〇）・「つるめそ（犬神人）考」（一九二三）などが代表作である。

もっとも、喜田のばあいは、一九二三年（大正一二）一二月の『社会史研究』終刊直後に執筆した、「日本社会史とは何ぞや」（一九二四）のなかで、その「日本社会史」を社会経済史と区別しつつみずから解説して、「要は我が日本に於ける古来の社会組織の起原沿革、並びに是に伴うて起つた諸現象を研究せんとするもの、是れ即ち我が日本社会史の本体であらねばならぬと信ずるのである」といい、その代表例として、被差別部落民研究をあげ、「其の起源沿革を研究するもの、是が社会史の一部をなすものにあらずして何であろう」[*28]という。そして、それは日本民族・社会の複合的構成とかかわりあうとして、その「日本社会史」は「日本民族成立史」でもあると強調する。

言ふまでもなく日本民族は種々の要素から成る複成民族で、自分は日本の古代史を以て日本民族成立史と云つてもよいと思ふ程にまでも、民族的関係の諸現象が濃厚にあらはれて居るのである。後の社会組織上の諸現象の如きも、説明の端緒をこゝに求むべきものが甚だ多いのである。[*29]

このように、喜田においては、日本民族社会形成史とでもいうべき史観が貫かれ、それによる「日本社会史」が被差別部落民研究としての漂泊民研究となっていた。日本民族社会の形成を複合的要素によって理解しようとする方法は、宮本の方法とも重なりあうといってよいだろう。しかし、喜田においても、その日本民族社会形成史が最終的課題であるために、漂泊民的世界から定着民的世界をえがこうとする視線はなく、漂泊民的世界を中心におく研究として展開されたわけではなかった。

一九二〇年代後半、『古代研究』全三巻（一九二九—三〇）によって、そのまれびと論を大成させていく折口信夫《おりくちしのぶ》（一八八七—一九五三）においても、そのまれびとへの着眼は、実態としては漂泊民的世界への視線でもあったが、それはあくまで定着民的世界を中心としたものであった。定着民的世界からみてまれびとは他者であるので、実態としてのまれびとには漂泊民が含まれることが多い。折口のまれびと論はおのずと漂泊民的世界への視線を含むことになる。しかし、折口のまれびと概念は、あくまで、定着民的世界を中心におき、そこからの他者をまれびととして儀礼的に位置づける方法であった。分析概念として形成されたまれびと概念の基底にひそむのは、あくまで、定着民的世界における儀礼が周辺に位置するまれびとを含み込み構成しているという思考である。したがって、折口においても、漂泊民的世界への視線をなげかけつつも、その視線は定着民的世界を中心としたそれにとどまっていた。

もっとも、折口のばあい、歌人釈 沼空《しゃくちょうくう》として詠んだ歌には、漂泊民的世界にその身を寄せた歌も多い。たとえば、『自選歌集 海やまのあひだ』(一九二五)の「木地屋の家」一五首のなかの八首目。

山びとは、轆轤ひきつゝあやしまず。　わがつく息の　大きと息を

ひとり遊びをする木地師の子供を詠んだ一一首め。

わらはべのひとり遊びや。日の昏るゝ沢のたぎちに、うつゝなくあり[*30]

一九三〇年（昭和五）から一九三五年（昭和一〇）までの歌集『水の上 釈迢空短歌綜集（三）』（一九四八）の「乾く春」一〇首のなかの二首目と七首目。

乞食《コツジキ》の築《ツ》きくづしたる　竈穴《カマアナ》は、ひと方《カタ》に向きて　露《アラハ》に並ぶ

かたゐ等の家は　くさむら。荒れあれて、こぞ居しあとは　すでに移れり。*[31]

アララギ派歌人でもあった折口は、このように、漂泊民的世界をその景観観察のなかに詠み込んでいた。しかし、そうであったとしても、その学説の中心に位置するまれびと論は、まれびととして漂泊民的世界を扱いつつも、そこでの視線はあくまで定着民的世界からみた他者としての漂泊民であった。

このように、一九一〇年代から二〇年代にかけて、漂泊民的世界は研究者の視野に入るようになっていた。しかし、柳田国男・喜田貞吉・折口信夫、彼らの視線は、あくまで定着民的世界からみた漂泊民的世界であった。そうした基本認識を真逆に転換させ、漂泊民的世界を中心にすえて、そこから定着民的世界をえがこうとしていたのが、一九六〇年代の宮本であったのである。宮本によって中心的視座およびベクトルが転換をとげていた。

田山花袋のサンカ小説「帰国」

一九一〇年代から二〇年代にかけての漂泊民的世界への視線は、こうした研究者だけではなかった。『蒲団』(一九〇七)・『田舎教師』(一九〇九)などで知られる田山花袋《たやまかたい》(一八七二―一九三〇)が、一九一六年(大正五)八月、『新小説』第二一年第八巻に「帰国」というサンカ小説を書いている。山々を渡り歩くサンカの「平公」とその「嬶《かかあ》」の若夫婦、「常公」というサンカの若者を主人公に、「常公」とサンカの娘との色恋、東北地方を歩いていた老夫婦がひとり息子を亡くした話、そうしたエピソードをまじえながら、一年一度の故郷へ帰ることを楽しみにする、そんなサンカの物語である。ふつうの里人との交流また警察による干渉をもえがくが、山々を跋渉するサンカの生活実態を、淡々とした叙述のなかに、美しく楽しげにえがく。

たとえば、サンカの娘がえがく空想は次のようであった。

雨に濡れたり坂路を歩いたりするのは辛いけれど、時にはまた楽しい面白いことも山にはあつた。蕨《わらび》、山牛蒡《やまごぼう》、山独活《やまうど》、春は一面に霞が棚引いて、鶯《うぐいす》やカツコ鳥が好い声をして啼《な》いた。谷には綺麗な水が流れ、山には美しい花が咲いた。生れたばかりの子供を負《おぶ》つて、やさしい力強い亭主と二人で、誰もゐない山の中を其処《そこ》から其処へと放浪して歩く興味を娘達はをり〳〵繰返した。[*32]

しかし、彼らは近代国家とは無縁であった。警官・官吏がサンカをもてあましているという。

白い服を着た人達も、要領を得ないかれ等《ら》種族を何《ど》うすることも出来なかつた。徳川幕府の潰れたのも、明治の維新になつたのも、京都から東京へ都が遷《うつ》つたのも、日清戦役があつたのも、日露戦争があつたのも、軍艦が出来たのも、飛行機が出来たのも、何も彼《か》も知らないやうなかれ等の種族には、何を言つて聞かせても効《かひ》がなかつた。後には、警官達も持余《もてあま》して、唯一刻も早く、自分の受持つ管内からかれ等を立去らしめることをのみ心がけた。*33

近代文明と近接していながらもそれとも無縁であった。

山と山との峡《かひ》から見える町は、中でもことに灯が美しかつた。突然遠くの暗い闇の野を、灯の長くつゞいたものゝ動くのを見た。

『汽車!』

『それ、汽車が行く…』

一行は皆な其方《そつち》を見た。ひろい野には、長蛇のやうな汽車が徐《しづ》かに動いて行くのであつた。

『汽車!汽車』から言つて、皆な其方を眺めた。*34

これらは漂泊民的世界からみた定着民的世界と近代文明でもあった。
小説「帰国」はあまり知られてはいないが、一九一〇年代の田山花袋は、定着民的世界からみた漂泊民的世界ではなく、漂泊民的世界それじたいをえがき、そこから定着民的世界をみるとどのようになるか、それらをフィクションとして構成していた。そのような意味では、柳田・喜田・折口の研究者の視線が、あくまで定着民的世界を中心としての漂泊民的世界であったこととは異なっていた。もっとも、この田山のサンカ小説「帰国」のネタは柳田にあり[*35][*36]、かつて新体詩人として、また、文学者として友人関係のあった柳田から聞いた話によって構成されたのがこのフィクションであった。

もっともこれも、俗な表現を使えば、同じネタを使い、定着民的世界からみたサンカをえがくにとどまったのが柳田国男、サンカそれじたいをえがき漂泊民的世界から定着民的世界をみようとしたのが田山花袋であったということもできる。

堺利彦「山窩の夢」

田山花袋が『新小説』にサンカ小説「帰国」を発表した一九一六年（大正五）八月の翌九月、大逆事件（幸徳事件）事件後の〈冬の時代〉を生きる社会主義者が拠る雑誌『新社会』に貝塚渋六なる人物が「山窩《サンカ》の夢」というエッセイを書いている。田山のサンカ小説「帰国」に触発されて書かれていた。

貝塚渋六とは初期社会主義を生き抜いてきた堺利彦《さかいとしひこ》（一八七〇－一九三三）のペンネームであった。「貝塚」は、堺が山川均《やまかわひとし》（一八八〇－一九五八）、大杉栄《おおすぎさかえ》（一八八五－一九二三）、荒畑寒村《あらはたかんそん》（一八八七－一九八一）などとともに、一九〇八年（明治四一）六月の赤旗事件で、同年九月から一九一〇年（明治四三）九月まで約三年間入獄した千葉監獄のあった地名、「渋六」の「渋」は社会主義思想に理解のあった歌人石川啄木《いしかわたくぼく》（一八八六－一九一二）が成長した岩手県「渋民村」にちなんだ命名である。堺が千葉監獄から出獄した一九一〇年（明治四三）九月の時点では、同年五月にはじまった大逆事件の検挙は終了していた。翌一九一一年（明治四四）一月幸徳秋水《こうとくしゅうすい》（一八七一－一九一一）たち二四名に死刑判決がくだり、そのうち一二名が無期懲役に減刑され一二名が処刑された。処刑された幸徳たちの遺体をひきとり荼毘にふし、それを遺族のもとに戻したのが堺たちであった。

同年春、堺は、刑死させられた遺族のもとを歴訪する旅に出る。死刑執行が一月二四日・二五日であったために、二五日の月命日には東京近郊にある「お墓」には参詣を行なう生活を続けた。[*37] 大逆事件を頂点として、社会主義運動に対する弾圧はその運動を完全に沈黙させ、彼らの日常生活さえも奪っていた。〈冬の時代〉である。

そうしたなかでも、堺は大逆事件の判決が出る前の一九一〇年（明治四三）一二月には売文社《ばいぶんしゃ》という文章作成代理業社（現代風にいえばゴーストライター兼広告代理店業務）を設立、周囲の人たちの生活と運動のささやかな拠点を維持し、やがて、一九一四年（大正三）一月には娯楽雑誌『へちまの花』を創刊する。その『へちまの花』を改題し、小雑誌ながらも合法的社会主義雑誌として刊行したのが、「山窩の夢」を掲載した雑誌『新社会』であった。〈冬の時代〉を生き抜く社会主義者たちが、やがてくるその運動の活性化の前に、かろうじて拠っていたのがこの『新社会』であった。

堺は、『へちまの花』を『新社会』と改題した第二巻第一号（一九一五年九月）の最初に「小き旗上」という巻頭言をかかげる。

鬨《とき》を作つて勇ましく奮ひたつと云ふ程の旗上では勿論ないが、兎《と》にかく是でも禿《ち》びた万年筆の先に掲げた、小さな紙旗の旗上には相違ありません。先《ま》づは落人の一群《むれ》が山奥の洞穴《ほらあな》に立籠つて、容易に敵の近づけぬ断崖《きりきし》を恃《たの》みにして、蕨葛《わらびくず》の根に餓《うゑ》を凌《しの》ぎ、持久の策を講ずると云ふ、みぢめではあるが、且は聊《いささ》か遠大の志しを存する、義軍の態度であります。*38

敗軍の落人が「山奥の洞穴」を守り、また、そこから打って出ようとする、そんなたとえのもとに、新たなる運動の宣言であった。

それからちょうど一年後の一九一六年（大正五）九月、田山の「帰国」を承けて、この堺が同じ『新社会』に書いたのが「山窩の夢」であった。堺の「山窩の夢」は、「『新小説』の八月号にある田山花袋氏の『帰国』といふ短編を非常に面白く読んだ*39」からはじまる。そのあと、この小説の内容を概観し、このサンカ小説に対する印象を語りはじめる。

私は先づ、此のセセこましい日本の国に、政府の権力以外、社会の連鎖以外、殆んど独立した自由の生活を送つて居る人間種族のある事に、一種の驚嘆と愉快とを感じた。*40

山野を跋渉するサンカを、政府権力とは無縁に生き、「独立した自由な生活」をおくる人間たちとして讃辞をおくる。赤旗事件、そして、大逆事件と続く徹底的な弾圧を受け、〈冬の時代〉のなかで孤塁を守る社会主義者が、その閉塞感のなかで、サンカに共感を表明しているのである。堺は次のように続ける。

私の聯想は先づ大昔の蝦夷土蜘蛛《つちくも》の話や、平家の落武者の話に移つた。勿論此の山窩が直接に蝦夷や土蜘蛛の血統を引いた者と考へるのではないが、然し山窩の生活の様式の中には、必ず其昔の流風餘韵《よいん》を伝へてゐる事と信ずる。平家の落武者も、近代社会の落伍者も、皆同じく大昔の劣敗民族の跡を追ふて其型を踏んでゐるのだらうかと思ふ。*41

サンカを定着民的世界の敗者として「蝦夷」「土蜘蛛」「平家の落武者」などと重ねあわせている。しかし、堺が共感するのは支配されないその独立性であった。

彼等は固より劣敗者である。然し彼等は其の劣敗の故を以て、優勝者の奴隷となり手足となるを肯《がえ》んぜぬ者共である。彼等は猶或る特殊の天地に於いて独立不羈《どくりつふき》の生活を続けんとする者である。そこに彼等のけなげさがあり、美しさがあり、尊さがある。*42

徹底的な弾圧をうけ閉塞状況にありながらも、なおも、社会主義の孤塁を守ろうとするみずからの姿を、敗者ながらも「独立不羈」のサンカに重ねあわせていたといってよいだろう。そこには、定着民的世界を中心とするのではなく、サンカの漂泊民的世界を中心にそれを理想化する思考が見え隠れする。

山川均「いつそ山にはいつて山窩にでもなるかなァ」

堺のサンカ論は、さらに、次のように続く。

そこに丁度友人影一君が遊びに来た。ザットかいつまんで此の山窩の話をすると、影一君も非常にそれを面白がつて、暫《しばら》く愁然《しゅうぜん》として物を思ふ様子であつたが、遂に少しく慨然《がいぜん》とした調子でこんな事を云ひだした。

『我々も若し志を得なかつたら、いつそ山にはいつて山窩にでもなるかなァ。』

私は之を聞いて急に全身に緊張を感じた。*43

「影一君」という友人に、このようなサンカの話をしたところ、この「影一君」は運動が好転しなかったならば、「いつそ山にはいつて山窩にでもなるかなァ」といったというのである。そして、この堺のエッセイ「山窩の夢」は、元飼い犬のバックが野生化しやがてオオカミの群のリーダーになっていくジャック・ロンドンの小説『野生の呼び声』（一九〇三）を紹介し[44]、次のようにしめくくる。

私は其夜の夢に、山窩の一群数十人を率ゐて、峰より谷に、谷より里に、雋敏軽捷《しゅんびんけいしょう》な足取で下つて来る、我が影一君の姿を見た[45]。

堺はその友人の「影一君」がサンカのリーダーとなり、山野を跋渉する姿を夢にみたというのである。

「影一君」とは誰のことであろう。サンカのリーダーになる颯爽とした社会主義者である。堺は、雑誌『労農』第二巻第六号から第三巻第一号（一九二八年七月―一九二九年一月）に連載した晩年の回想「日本社会主義運動に於ける無政府主義の役割」のなかで、この「影一君」とは山川均のことだという[46]。

〈冬の時代〉を生きる社会主義者堺利彦と山川均が、田山花袋の山窩小説「帰国」に触発されてサンカ談義をかわし、山川をして「いつそ山にはいつて山窩にでもなるかなァ」といわしめ、堺は山川がサンカのリーダーになり山野を跋渉する夢をみたというのである。

山川均といえば、初期社会主義を生き抜き、非共産党系マルクス主義者として、なかんずく、鋭利な理論家として知られるが、その生涯を通じて病弱でもあった。その病弱な理論家、山川のイメージからはどこか遠い、『野生の呼び声』で狼のリーダー犬となるバックをもほうふつとさせるサンカのリーダーという激しい姿が、〈冬の時代〉の堺にえがかれているのである。彼らの閉塞感、孤塁を守る悲壮感さえもがただよってくる。

もっとも、青年期の山川は激しさを前面に押し出す性格でもあったという。一八九五年（明治二八）から翌々一八九七年（明治三〇）までの同志社補習科から尋常中学校時代の山川は、「馬賊の大将」にでもなるのではないかと思われていたという。山川と長年運動をともにした荒畑寒村が、その死の直後の追悼文のなかで、山川と同志社同窓の出版人足助素一《あすけそいち》から聞いた話として次のような回想を残している。

> 同志社で山川君と同窓であって、後に出版社叢文閣を起した故足助素一君が、私に語った所によると、当時の山川君はいわゆる燕趙悲歌《えんちょうひか》の士で、いつも慷慨激越《こうがいげきえつ》な演説をやっていた、それだから、この男は将来は満州に渡って馬賊の大将にでもなるんじゃないかと思ったくらいで、今日のような山川君は、とうてい予想もしなかったそうだ。*47

山川自身もその淡々とした晩年の回想のなかで、同志社時代をふりかえり、「とかく騒動が好きな私であった」といい、東京帝国大学出身の教員の試験をボイコットしたエピソードなどを伝えている。

新島精神とは育ちのちがうこの先生に、私たちのクラスは頭から好感をもっていなかった。ところが、試験になって、この先生はなんと思ったのか、座席を一つおきに生徒を並ばせた。そのわけをただすと、カンニングを防ぐためだということがわかった。私は立って、生徒を信用せぬ先生を信頼することはできない。信頼することのできない先生の試験は受けないと宣言した。私が白紙の答案用紙を出して退場すると、クラスの大半もぞろぞろと教室を出てしまった。*48

理論家というよりも、その激しい性格をそのままに周囲をリードする青年山川均であった。最初の検挙(一九〇〇)と入獄(一九〇一―〇四)、赤旗事件での入獄(一九〇八―一〇)をはじめとする獄中生活、その後の、故郷岡山で薬店経営、鹿児島での山羊《やぎ》牧場経営の失敗など、そうした青年期からの労苦が身体をむしばみ、また、その激しい性格を沈思させるものにかえていったのであろう。こうした経験をへたうえで、山川が堺の求めに応じて再び上京し、売文社に入ったのが一九一六年(大正五)一月のことであった。そして、堺が同年九月の「山窩の夢」のなかで、山川の発言「いつそ山にはいつて山窩にでもなるかなァ」を紹介したのは、その約半年後であった。この時点で、山川は、いまだ三〇歳代半ばであるが、すでに、長期間におよぶ二度の入獄、生活上の辛酸をなめていた。

もっとも、そうしたなかで、山川と労苦をともにしてきた堺や荒畑には、山川の内面にひそむ激しさをよく理解できていたのかもしれない。そして、彼らは弾圧を耐えはねかえす精神を、山野を跋渉するサンカという力強い漂泊民的世界に仮託しようとしていた。〈冬の時代〉を生きる社会主義者にとってのサンカは、定着民的世界からみたそれではなかった。自らをサンカに重ねあわせるものであった。

漂泊民的世界からの視線

一九一〇年代から二〇年代、漂泊民的世界への視線がめばえはじめていた。しかし、柳田国男・喜田貞吉・折口信夫など研究者の視線は定着民的世界を中心とした漂泊民的世界であった。特に、柳田・喜田においては、被差別部落民研究とでもいうべき内容と連動した社会政策的同化論と考えることもでき、また、彼らの視線は、定着民的世界を〈中心〉とし、漂泊民的世界を〈周縁〉とする固定的認識のはじまりでもあった。

たとえば、一九七〇年代後半から八〇年代にかけて流行した、山口昌男『文化と両義性』(一九七五)を代表例とする〈中心〉と〈周縁〉論は、〈中心〉と〈周縁〉を関係概念として設定し、社会現象をそれぞれにあてはめて分析する方法であった。その基本は、〈中心〉にあてはめられる自明視された社会現象にあり、〈周縁〉に設定されたそれは〈中心〉とは異質な両義的存在とみなされた。そこでは、何ら疑問を持たれずに所与の存在として、定着民的世界は〈中心〉に、漂泊民的世界は〈周縁〉にあてはめられた。その基本認識は、これまでみてきた、一九一〇年代から二〇年代にかけての、柳田・喜田による定着民的世界を中心とした漂泊民的世界への視線とかわるものではない。むしろ、なんら疑問も抱かれずにそのまま継承しているとさえいえる。

いっぽうで、漂泊民的世界じたいへの視線、あるいは、漂泊民的世界から定着民的世界を見る視線は、田山花袋の小説「帰国」、それを承けた〈冬の時代〉を生き抜く社会主義者堺利彦の夢想のなかに表れていた。堺は、優れた理論家山川均をして山野をかける激しいサンカのリーダーにまで押し上げていた。しかし研究者にはこのような視線はなかった。こうしたなかで、ようやくにして、研究者のなかで、定着民的世界を中心とするのではなく、その逆に、漂泊民的世界そのものと、漂泊民的世界から定着民的世界をえがく作業を為し得ていたのが、『忘れられた日本人』のハナシを再構成し、『双書・日本民衆史4 村のなりたち』『双書・日本民衆史5 町のなりたち』などで漂泊民的世界の「群」に共同体の原点をみようとする一九六〇年代の宮本であった。

そもそも、『忘れられた日本人』のなかの「土佐源氏」のモデルのTさんは、水車業・運送業をいとなんでいた定着民であった。それを、宮本が「土佐源氏」のハナシとしたとき、Tさんは漂泊の博労としてえがかれた。定着民が漂泊民へとすりかえられている。「土佐源氏」が宮本のハナシであることの意義とは、単にそれが事実を違えたことにあるのではない。事実をもとに、あたかも事実のようにみせかけながらも、事実とは視線の異なる世界、漂泊民的世界のハナシとしてそれを創出したことにあった。しかしそれは、フィクションとして伝えようとしたのではなく、もっとも根本的な視点を創出しながらも、そのハナシを事実として伝えようとしていた。

漂泊民的世界そのものといわずとも、『忘れられた日本人』は漂泊を重視する。

宮本が好んだ言葉でいえば、漂泊ではなく、〈旅〉といってよいかもしれない。最初に「観音様」のハナシで紹介した「女の世間」は、娘の〈旅〉を笑い話のようにして肯定的にえがく。「世間師」も同様なえがかれ方である。「世間師」は、定着民として生まれながら、〈旅〉をし、世間をみてきた者たちをいう。『忘れられた日本人』には二人の「世間師」が登場する。ひとりは宮本の母方の祖父増田伊太郎、もうひとりは、『アチックミューゼアム彙報第二三 河内国瀧畑左近熊太翁旧事談』（一九三七）でも知られる大阪河内長野の左近熊太である。祖父増田伊太郎は〈旅〉の大工として熊本・鹿児島・東京・岐阜・台湾などを渡り歩き、左近熊太は八卦見《はっけみ》などをしながら〈旅〉をした。しかし、もともとはそれぞれ周防大島と河内長野瀧畑の定着民であり、〈旅〉のあとはそれぞれの故郷に戻った。

宮本がえがくのは、定着民として生きているときの彼らではない。〈旅〉をしているときの彼ら、その〈旅〉を語る「世間師」としての彼らである。たとえば、祖父増田伊太郎が、西南戦争（一八七七―七八）後、荒廃した熊本に大工として働きに行ったときのハナシは次のようであった。

さて伊太郎は何人かの仲間と仕事（ママ）していたのだが、皆若い連中だったので夜になると娘の家へあそびにいった。ついでにどこかの家へしのびこんではニワトリをとって来た。この地方の農家はたいていの家でニワトリを飼っていた。時計の代用にしていたのである。昼間は放し飼にしてあたりの穀物をひろわせる。夜になると戻って来て入口を入った土間の上のとまり木に上ってねる。そこで、夜半娘の家へあそびにいったかえりに、どこかの家の大戸をあけてしのびこみ、このとまり木のニワトリを一羽ぬすんで来る。そして毛をむしって肉鍋にする。（中略）ニワトリがとられて食われている事に気付く者はしばらくの間はなかった。（中略）そのうちに村の中のニワトリが何十羽というほどいなくなったのではじめて気がついた。「どうも長州から来た大工どもがとって食うているようだ。けしからぬ奴じゃ」という声があがって来たが、別にとりたてて責める事もなかった。ただ困った事は、戸じまりが厳重になったため、娘のところへ夜這いに行けなくなってしまった。すると若い大工どもは、もう面白味がなくなったと言って追々引きあげていったのだが、伊太郎だけはかえらなかった。夜這いができなくなったら、村長の仲人で、すきな娘と結婚して入婿になってしまったのである。*49

大工として熊本へ行き、そこでヨバイやらニワトリ盗み・ニワトリ鍋を楽しみ、あげくに、入り婿になってしまったという。

そのあと、いったん故郷に戻り、次は鹿児島・東京と大工仕事に出るのだが、鹿児島出身の海軍軍人・政治家山本権兵衛の家で、山本が癪にさわり、おもしろくなく、岐阜（美濃）へいく。

> 美濃へ来ると大工は大事にせられた。人々は親切だし、こちらも手に職をもっているので一々ヘイコラする必要はない。その上どこかに酒盛でもあると、たいていはまねかれる。歌が上手で芸がたっしゃで、よく世間をして（マヽ）いるから座持ちはよかった。それで毎晩という程飲む事があった。心安い娘もできたし、何一つ不自由はなかった。*50

このようなおもしろおかしい「世間師」の世渡りのハナシが続く。伊太郎は岐阜から台湾、最後は韓国へも渡ったが、そこでは「金もうけ」中心でおもしろくなく、故郷へ戻ってきた。そのときに日露戦争（一九〇四―〇五）がおこり出征した子供が戦死した。そのときから伊太郎は〈旅〉に出ることをやめたという。

どこかのんきな職人の〈旅〉、のんきなエロ話、そんなハナシである。これが宮本のえがく「世間師」のひとり、母方の祖父増田伊太郎のハナシであった。

もうひとりの「世間師」、河内の左近熊太は八卦見などをしながら〈旅〉をした。左近熊太は、五六歳で妻と死別し、家督を子供にゆずり隠居になってからの〈旅〉であった。京都で八卦見と知り合い、その八卦見とともに、また、ひとりで〈旅〉をしたというのである。そして、ここでものんきなエロ話となる。

翁（左近熊太）は一人旅の時は、一人ものの気らくさでちょいちょい女に手を出した。手を出したというほどではないが、ついそういうことになった。世の中にはほんとに困ったりなやんだりしているものが多く、八卦をみてもらうようなものは特にそれが多かった。それだけについ話がふかくなってしまうことがあった。妙なもので、こちらが醜男だし、旅の者だし、夫婦になろうというような相手はなかった。ただその時だけの交りでかえって女が気がはれたり、元気がでたりすることが多かった。[*51]

女と「寝る」のは「風流」だともいう。

女とねるのは風流の一つであった。風流のわからぬものは女とねるとしくじる。（中略）京都のあたりにはおっとりとして風流のわかる女がたくさんいた。あるとき宿屋で気品のある女中がきたので、歌を書いてお膳の上にのせておいた。するとお膳をひきにきたとき、それをちょっと見て帯の間へはさんで出ていった。何にも言わなんだが、夜ねていると、そっとやってきた。気品のなる女には恋歌を書いてわたすと大ていは言うことをきいてくれたものである。しかし、それも畿内を出るとあまり通用しなかった。[*52]

『忘れられた日本人』でえがかれた二つの「世間師」のハナシ、祖父増田伊太郎と河内国左近熊太のライフヒストリーは、それを注意して読むと、そのハナシの最大の分量は、こうしたのんきなエロ話に割かれていることがわかる。宮本以降では、「世間師」というと、世間を知る知恵者、とでもいうべき肯定的存在としてイメージされているが、すくなくとも、宮本が『忘れられた日本人』のなかで最初にえがいた「世間師」はそうではなかった。かつてあった、ひとつの生き方を、その〈旅〉の部分だけを肥大化させて紹介していたにすぎない。

祖父増田伊太郎のハナシも注意深く読めば、その最後は、次のように終わる。

日露戦争がおこった。そして長男がこの戦争へ出ていって戦死した。平素ほったらかしにしていた子であったが心の中では限りなく愛していた。伊太郎は息子の死がガックリとこたえたようで、まだ働ける年なのに、それからぷっつり旅をやめ、火鉢のまえにすわったまま一日中きざみ煙草をキセルで吸っていた。その生活を三十年もくずさず八十をすぎて死んだ。そして人が来て相手になってくれれば、すぎ去った日をつきる事なく話しつづけた。[*53]

宮本は、〈旅〉をつづけた前半生を延々と綴ったあと、その火鉢ときざみ煙草の後半生を、わずかワンパラグラフで片づけ、この「世間師」もハナシを終わらせている。あたかも、その〈旅〉が人生のすべてであったかのようなハナシのエンディングである。

「世間師」の創出

河内の左近熊太のばあいも、『忘れられた日本人』では〈旅〉の「世間師」としてえがかれているが、彼がはじめて登場した『アチックミューゼアム彙報第二三　河内国瀧畑左近熊太翁旧事談』(一九三七)では「世間師」としてのえがかれ方ではない。瀧畑という山村に生活する物知りで話好きの老翁ではある。しかし、その内容は、左近熊太がその人生のなかで知る瀧畑の生活誌、また、その目線からみた瀧畑の歴史であった。

『アチックミューゼアム彙報第二三　河内国瀧畑左近熊太翁旧事談』では、熊太の〈旅〉は、前文にあたる「河内瀧畑入村記」に続く、本論の最初に紹介されている。その紹介も、「左近翁自叙伝」のなかの冒頭「旅」という項目である。次のようなはじまりである。

私は五十二で妻にはなれ、五十六から歩き出した。一番初には城崎《きのさき》へ行つた。之は私の本家で凍豆腐を製造してゐた時、職人がそこから来て居たからであつた。本家は初めは凍豆腐をやつて居たがその後酒造にかはつた。その時職人は城崎の村岡から来た。で最初凍豆腐の職人をたよつて城崎まで行つて見た。私はそれまでに但馬《たじま》へは二十四の時に身体が悪くて湯村まで湯治《とうじ》に行つた事がある。それから北海道へ行つた。之は今朝鮮に居るのが（翁の令息、僧）未だ子供の時で小樽の方に居つたので、それを訪ねて行つた。之も五十六か七の時だつた。[*54]

そのあとは、山陰、九州の別府・長崎・五島列島、土佐、日光・成田へ〈旅〉をしたことが、主に事実関係だけで紹介される。そして「八卦見」という項目が続くが、その内容はわずかに次のようなものである。

私の旅は決して金を使つての旅ではなかつた。京都の大川といふ人に八卦のとり方をならつて、それをして歩いた。この人は中々の人物で旅をしても細々としらべて歩いた。さうして全国いたる所歩いた。私はこの人の伴をして大分歩いた。[*55]

『アチックミユーゼアム彙報第二三　河内国瀧畑左近熊太翁旧事談』における熊太の〈旅〉は、こうした事実を淡々と叙述するだけで、さきに紹介したような、のんきなエロ話はどこに登場しない。もちろん、時代的にエロ話は自粛する必要もあっただろうが、分量的にも、全三〇六頁におよぶ『アチックミユーゼアム彙報第二三　河内国瀧畑左近熊太翁旧事談』のうちで、〈旅〉はわずかに約二頁分を占めるにすぎない。「世間師」概念を提出した『忘れられた日本人』の「世間師」としての左近熊太では、延々と続く〈旅〉のハナシが、もともとあった『アチックミューゼアム彙報第二三河内国瀧畑左近熊太翁旧事談』では重視されていないのである。『アチックミューゼアム彙報第二三　河内国瀧畑左近熊太翁旧事談』は、その最初がこの〈旅〉を含めた「左近翁自叙伝」からはじまり、「村の口碑」「村の功労者」「村の事件」「村の人・生計」と続き、「河内瀧畑入村記」「左近翁自叙伝」を含めて合計四六項目（索引を除く）は、瀧畑のことがらに終始する。〈旅〉のハナシではない。

河内の左近熊太が最初に登場した一九三七年（昭和一二）の『アチックミューゼアム彙報第二三河内国瀧畑左近熊太翁旧事談』では、熊太は瀧畑に生きる老翁であり、また、熊太の語る内容は定着民的世界としての瀧畑であった。しかし、一九六〇年（昭和三五）の『忘れられた日本人』で再登場したときには、熊太は〈旅〉をする「世間師」としてえがかれた。俗な表現を使えば、宮本は、ここでも同じネタを使いながら、異なる左近熊太をえがいている。

『忘れられた日本人』には、〈旅〉を強調する宮本がいる。それまでの作品ではかならずしもそのような宮本ではなかった。一九三七年（昭和一二）の『アチックミューゼアム彙報第二三　河内国瀧畑左近熊太翁旧事談』の左近熊太と、一九六〇年（昭和三五）の『忘れられた日本人』の左近熊太を比べたとき、前者における熊太はすくなくとも「世間師」ではなかった。それが後者の時点では「世間師」とされた。その大工としての〈旅〉のみが強調された祖父増田伊太郎にしても、それが『忘れられた日本人』の時点で〈旅〉の大工とされた。

「世間師」とは、『忘れられた日本人』の時点で、宮本が新たに抽出した人物類型であった。宮本における漂泊民的世界の重視のなかで生まれてきた思考であったのだろう。これも、たとえば、左近熊太のえがかれ方の違いをみたときに、宮本におけるひとつのハナシの創出として、しかし、これもフィクションではなく事実としてそれを思いこませるような語りとして理解しなければならないだろう。

ただそこには、宮本における、定着民的世界に漂泊民的世界を従属させない、他とは大きく異なる思考の提出を認めなければならない。一九一〇年代から二〇年代の柳田・喜田のような「常民」中心で漂泊民的世界をそこに従属させる、あるいは、同化させる視線ではなく、また、一九七〇年代後半以降の山口に代表される〈中心〉と〈周縁〉論のような、定着民的世界を〈中心〉と決めつけ、漂泊民的世界を当然のように〈周縁〉に位置させる、分析を欠如した固定的思考ではない。なにげないハナシのなかに、漂泊民的世界に社会生活の原点を設定するひとつの仮説のなかにそれは位置していた。

＊1　宮本常一、『忘れられた日本人』一一〇－一一一ページ
＊2　『忘れられた日本人』一一九ページ
＊3　『忘れられた日本人』一三〇ページ
＊4　宮本常一、『生業の推移』七四－七五ページ

＊5『生業の推移』七五ページ
＊6『生業の推移』七五－七六ページ
＊7 宮本常一、『民俗学の旅』一一五ページ
＊8 宮本常一、『常民文化叢書一 大隅半島民俗採訪録』二ページ
＊9 岡本太郎・深沢七郎・宮本常一、「残酷ということ」一一ページ
＊10 毛利甚八、『宮本常一を歩く・下巻』五二－六七ページ、木村哲也、『「忘れられた日本人」の舞台を旅する』一〇五－一三二ページ
＊11 山田一郎、「土佐風信帖うみやまの書《ふみ》」
＊12 現在残され刊行されている、このときの宮本のフィールドワークのものと思われる檮原村を撮影した写真を見ると、それが冬季ということもあろう、植林・山林もあるが、山の斜面までが畑地などに切り拓かれているのを知ることができる（田村善次郎・編、『宮本常一日記 青春篇』八三六ページ）。
＊13『忘れられた日本人』一二二ページ
＊14『忘れられた日本人』一二三ページ
＊15 文化庁文化財保護部・編、『民俗資料選集一六 茶堂の習俗Ⅰ』、『民俗資料選集二九 茶堂の習俗Ⅱ』
＊16 岩田重則、『宮本常一――逸脱の民俗学者』二三七－二五五ページ
＊17『宮本常一――逸脱の民俗学者』二五五－二七五ページ
＊18 宮本常一、『双書・日本民衆史4 村のなりたち』四一ページ
＊19『双書・日本民衆史4 村のなりたち』四八ページ
＊20『双書・日本民衆史4 村のなりたち』二二六ページ
＊21 宮本常一、『双書・日本民衆史5 町のなりたち』一六〇ページ
＊22『双書・日本民衆史5 町のなりたち』一六〇－一六一ページ
＊23『双書・日本民衆史4 村のなりたち』二三〇ページ
＊24『双書・日本民衆史4 村のなりたち』二三一ページ

＊25 宮本常一、『私の日本地図 一三 萩付近』四二－五五ページ
＊26 柳田国男、「『イタカ』及び『サンカ』（其二）」四六五－四六六ページ
＊27 「『イタカ』及び『サンカ』（其二）」四七〇ページ
＊28 喜田貞吉、「日本社会史とは何ぞや」六－七ページ
＊29 「日本社会史とは何ぞや」一〇－一一ページ
＊30 折口信夫、『自選歌集 海やまのあひだ』三〇ページ
＊31 折口信夫、『水の上 釈迢空短歌綜集（三）』二八〇、二八二ページ
＊32 田山花袋、「帰国」二二ページ
＊33 「帰国」一八ページ
＊34 「帰国」三二ページ
＊35 中村星湖、「解説」、『田山花袋全集 第七巻』七四二ページ
＊36 『田山花袋全集 第七巻』（一九七三）の解説のなかで中村星湖が次のようにいう。「『帰国』（大正五年七月《ママ》『新小説』所載）は山窩小説ともいふべき物で大旅行家として有名な著者としては、自ら手に入れた材料のやうに思はれるが。実は著者の親友の一人で、わが国に於ける民俗研究の泰斗である柳田国男氏から聞いた材料だといふことである」（中村星湖、「解説」、『田山花袋全集第七巻』七四二ページ）。柳田の側では、『故郷七十年』（一九五九）のなかで、柳田の法制局参事官時代の回想で、「田山は私の犯罪調査の話ばかりでなく、私が旅行から帰って来ると、何か珍しい話はないかといって聞くことが多かった」（柳田国男、『故郷七十年』、のじぎく文庫、一八六ページ）と言っているので、田山のサンカ小説「帰国」のネタが柳田国男にあったことは確実であろう。
＊37 堺利彦、「日本社会主義運動に於ける無政府主義の役割（四）」五六ページ
＊38 堺利彦、「小き旗上」三ページ［原文は無署名］
＊39 堺利彦、「山窩の夢」五八ページ
＊40 「山窩の夢」五九ページ
＊41 「山窩の夢」五九ページ

＊42 「山窩の夢」五九ページ
＊43 「山窩の夢」五九ページ
＊44 アメリカの小説家ジャック・ロンドンの『野生の呼び声』（一九〇三）には多くの翻訳があるが、これを最初に邦訳したのは堺利彦であった。タイトルを「野生の呼声」として、雑誌『中外』創刊号（一九一七年一〇月）から第二巻第六号（一九一八年五月）まで七回にわたり連載している。
＊45 「山窩の夢」六〇ページ
＊46 堺利彦、「日本社会主義運動に於ける無政府主義の役割（五）」八八–八九ページ
＊47 荒畑寒村、「知られざる一面」二一七ページ
＊48 山川菊栄・向坂逸郎・編、『山川均自伝』一四〇ページ
＊49 『忘れられた日本人』一九三–一九四ページ
＊50 『忘れられた日本人』一九六ページ
＊51 『忘れられた日本人』二一二–二一三ページ
＊52 『忘れられた日本人』二一三ページ
＊53 『忘れられた日本人』一九八ページ
＊54 『アチックミューゼアム彙報第二三 河内国瀧畑左近熊太翁旧事談』四六ページ
＊55 『アチックミューゼアム彙報第二三 河内国瀧畑左近熊太翁旧事談』四七–四八ページ

終章

わすれもの

宮本常一は優れたフィールドワーカーであった。

ただ、全てのフィールドワーカーが、みずからがフィールドワーカーであることを、前面に押し出し、語るわけではない。そのフィールドワークをこれほどまでに語った研究者も珍しい。『忘れられた日本人』を発表した一九六〇年（昭和三五）前後から晩年にいたるまでの宮本は、みずからのフィールドワークを語り続けた。研究上の成果としてのみならず、みずからの〈旅〉として再構成しそのハナシを書き続けたのが宮本であった。

その完成形が晩年の自伝『民俗学の旅』（一九七八）であった。そのタイトルがまさしく民俗学の〈旅〉であるように、フィールドワークあるいは調査という言葉を使わずに、〈旅〉および〈歩く〉という言葉を使い、そのフィールドワークを表現する。『民俗学の旅』のどこをひもといても、この言葉に出会う。

たとえば、一九三九年（昭和一四）一〇月、渋沢敬三（一八九六―一九六三）が主宰するアチックミューゼアムに入所し、翌一一月から一二月にかけて行なったその最初のフィールドワークを次のようにいう。

その初めての旅は島根県八束半島をまわり、江川流域の村をあるいて、田所村というところに田中梅治という老農をたずね、さらに中国山脈の脊梁筋を山口県の奥まであるき、岩国へ出た。田中翁にあうことは出発のとき予定されたことであったが、あとは興味のひかれるままに歩いて見ることにした。[*1]

このときにたずねた島根県の老農田中梅治（一八六八―一九四〇）とは、『忘れられた日本人』のなかの「文字をもつ伝承」の㈠で紹介された「田中梅治翁」のことである。

この文章は、続けて、そのフィールドワークのスタイルについてもいう。

> 黒のジャンパーに編上げの兵隊靴をはき、周囲に縁のある紺色の運動帽をかぶり、リュックサックを背負った。リュックサックにはコウモリ傘をくくりつけた。その姿が富山の薬売りに似ているのでよく間違えられた。[*2]

研究者のようなスタイルではなく、越中富山の薬売りのようであったとして、さりげなく、みずからのフィールドワークを、研究としてではなく、〈歩く〉〈旅〉として強調している。

もうひとつ例をあげよう。一九四〇年（昭和一五）一一月から一二月にかけての東北地方のフィールドワークである。

> 十一月には村上から歩きはじめて湯殿、羽黒、鳥海山麓、男鹿、津軽、下北、八戸、遠野、福島県東部をあるいて年の暮に東京へかえった。途中は汽車を利用したがあるきはじめると

歩けるところまで歩いた。そうした旅には知人のいることは少ない。だから旅に出て最初によい人に出あうまでは全く心が重い。しかし一日も歩いているときっとよい人に出あう。[*3]

〈歩く〉〈旅〉という言葉が頻出する。このフィールドワークは、二年後に刊行される日本常民文化研究所編『日本常民文化研究所彙報第五六　おしらさま図録』（一九四三）編集のため、オシラサマ収集を含む調査が主目的であったと考えられるのだが、自伝『民俗学の旅』ではそうした説明はまったくなされていない。ただ東北地方を〈歩く〉〈旅〉であったとして語られている。

『忘れられた日本人』から晩年までの宮本は漂泊民的世界を重視していただけではなかったのである。みずからをそれに重ね合わせ、みずからを〈歩く〉〈旅〉人とし、その存在を社会に発信していた。そのような意味では、宮本常一ほど、漂泊民的世界を基本的存在としてとらえ、また、その復権をはかった研究者はいなかったといってよいだろう。〈歩く〉〈旅〉人としてみずからを発信し、その存在を賭して、それを行なっているからである。

宮本常一といえば、いまや誰も、〈歩く〉〈旅〉人としてイメージする。しかし、それじたいを、宮本自身が創出していた。〈歩く〉〈旅〉人としての宮本常一、それは、宮本みずからがみずからをイメージさせるべく創りあげたハナシであった。あるいは、宮本みずからが〈歩く〉〈旅〉人を演じている、そのように理解してもいいかもしれない。宮本がすぐれたフィールドワーカーであったことはまぎれもない事実である。しかし、宮本はそのフィールドワークを研究者としてではなく、ひとりの〈歩く〉〈旅〉人として再構成し発信していた。

これまで多くの人たちが宮本常一をして〈歩く〉〈旅〉人として理解しているのは、このような、宮本みずからが創出したそのハナシ、演じきったイメージに、まんまとはまっているにすぎない。そのような意味では、宮本のハナシの創出は成功だったといえよう。

くりかえしていうが、このような『忘れられた日本人』のハナシ、さらには、宮本自身がみずからを創出したハナシをして、それがありのままの事実ではないとして否定しようというのではない。むしろ、このように、事実に取材しつつ、それを事実に忠実なノンフィクションでもなく、いっぽうで、フィクションでもなく、事実に基づいて創出するハナシがあってもよいのではないだろうか、ということなのである。たとえば、宮本が晩年の自伝『民俗学の旅』でみずからの〈歩く〉〈旅〉人のハナシを強調したように、みずからの体験・記憶といえども、そこには、かならずみずからに対する合理化、回想の時点での選択や捨象もふくめた再構成が行なわれる。

それはその再構成によるみずからの人生に対する確認をともなうことであろう。こうした、ひとりひとりの人生に対する肯定的なハナシの再構成、「再話」があってもよいように思われるのである。

そもそも、客観的事実として事実は存在するのではなく、複数の視線が重ね合わされた座標軸の接点にこそ、事実は存在する。

たとえば、眼前に交通事故があったとする。見る位置が違えば、その光景は異なる。ある人は自動車がブレーキをかけたといい、またある者はそれを見なかったといい、また別の人は、歩行者が信号無視をしたといい、それぞれの視線の範囲でのみ主観的事実が存在する。それらを複合することにより、事実が再構成される。

一〇〇パーセントの客観的事実をえがくことなど不可能である。そうであればこそ、宮本が行なったような、他者を取材してそれを感性のままに再構成してえがくハナシを創出し、また、みずからさえも、みずからがイメージする理想形に即してハナシとして肯定する、あるいは、それによって感銘をあたえ、後継の者に発展させてもらう、そうした表現スタイルがあってもよいのではないだろうか。主観を押し出した事実に対する表現方法である。もちろん単純な嘘があってはならないのだが。

みずからさえもが否定的にとらえる人生も多い。しかし、宮本はどのような人生でさえも肯定的にとらえ、ハナシを再構成した。しかも、自らの人生をも、〈歩く〉〈旅〉人のハナシにしてしまっていた。

『忘れられた日本人』の意義は、〈忘れられた日本人〉がいたことを知らしめただけにあるのではない。ひとりひとりの人生を肯定するハナシを創出し、それを展開させるべく感銘を与えたことにあった。客観的事実の再現など本来的に不可能であるとすれば、宮本ほどに饒舌ではなくとも、こうしたハナシの再構成があってもよい。他者やみずからの事実をもとに、それを肯定的に再構成するひとりひとりの人間のハナシの創出、『忘れられた日本人』は、こんなわたしたちの〈わすれもの〉をおしえてくれるように思われるのである。

もちろんそれは功成り遂げた文化人・著名人がすすんで語る、また、語りたがりの回想や自伝、内輪誉め的人物評などとは異なる。これらには、すぐれた静かな作品もあるが、自己肥大化や都合のよい部分のみの露出が多い。ここでハナシの創出というのは、みずからを語るという発想すら持たずに淡々と生きている人たちのことである。有名・無名を問わずそのような人たちの方が圧倒的に多いことだろう。

フィールドワークのとき、村落構造・人生儀礼・年中行事・神社祭祀などの調査に際して、そのデータの確実性と裏づけのために、調査の協力をしてくださる方々から、おりにふれてさりげなく、ライフヒストリーを聞かせていただくことがある。そのなかで、協力してくださる方の生きてきた姿をかいま見ることがある。かえって失礼になると思い、話をそこからそらすことの方が多いが、このような散文的調査でもときには印象深い記憶がある。

いまからすれば一〇年余前になるが、山梨県のある山村で、一九一九年（大正八）生まれの女の方から、出産をめぐってこんな話を聞いた。訪問時満八三歳だった。物静かな、どこかさびしげでみずからの生涯をどこか後悔している、そんな話ぶりだった。こちらの調査目的は出産産育で、訪問する日時についてもあらかじめアポイントメントをとり、経験されたことをおしえてほしいと調査目的を伝えておいた。

わたしの家はメソジスト派のクリスチャンだった。祖父が洗礼を受けていて、この地域の中心都市の教会まで峠を越えて通っていた。この山村ではクリスチャンの家は比較的裕福な家が多く、子供のころはキリスト教がとても盛んで、このクリスチャンの家々が禁酒会の運動などもやっていた。わたしはひとり娘で、というのは、三歳のとき、母がお産で亡くなったからである。その後、父も亡くなり、元気だった祖父母に育てられた。ところが、一六歳のときに祖母も亡くなった。祖父と二人になってしまった。畑地のほかに水田も持っているので、畑地と水田の耕作については作男を頼んでいた。そのために、娘のころまでは鍬を持ったことがないくらいで、炊事などの家事をやっていた。このあたりでは水田を所有している家はほとんどなく、水田を持つ家は裕福な方だった。地主ではなかったが、それでも耕作することができずに貸しているところがあり、農地改革のときには、畑地が少し減った。

一九四一年（昭和一六）に結婚して（婿をとり）、二年後に長男を生んだ。ただ、夫はアジア太平洋戦争敗戦後に死んだので、子供はこの子ひとりだった。六月に生んだ。ちょうどハルゴ（春蚕）のときで、枕元までお蚕と桑がならんでいるなかで生んだ。出産のとき、陣痛がはじまってから三日間も生まれず、たいへんな難産だった。このあたりでは、そのころ、医師や産婆にきてもらって生むことはほとんどなく、わたしのばあいは、近所のおばあさんにトリアゲオヤ（取り上げ親）できてもらった。生むときには、いまのような仰向けではなく、ややうつぶせのようにして、枕をかかえるようにして生んだ。トリアゲオヤが「息をとめてうなれ」というので、そのようにして生んだ。ただ、あまりの難産だったので、村が違うがこのあたりの中心地に病院があり、そこの医師に連絡してきてもらった。まさにこの医師が家に着いたそのときに生まれた。それでへその緒だけはこの医師に切ってもらった。あとから出てくるノチザン（後産）は「お墓」に持っていき埋めた。

すでに、島根県の大庭良美が月刊誌『民話』で故郷での聞き書きを淡々と叙述するスタイルを紹介したが、宮本ほど写実的で会話形式やひとり語りを駆使するテクニカルなスタイルではなく、大庭のように、できるだけ話者に忠実に再現しようとしてみた。そして、これらはフィールドノートに記録したものから再構成している。といっても、話をしてくれたそのままではなく、ここに叙述するにあたって整理し再構成して、ひとつのハナシとしている。

ただ、この山梨県の山村で話をしてくれた方のばあい、このあとで、意図的に記録することをせず、聞くままにとどめた話が続いた。どのような話かというと、生んだ子供がひとりだったので、その後のことをたずねたところ、戦争から復員してきた夫が療養生活に入り、そのまま亡くなってしまったということであった。それ以上たずねることがはばかられ、この方に対して、それ以上、こうした話を聞いてはならないのではないかと思い話の矛先をかえた。もっとも、ほんらいは、このようなフィールドノートを閉じたあとの話に、再構成しなればならないハナシがあるのかもしれない。

実は、この方が喜んで楽しく話してくれたことがらの多くは、モロコシ・大麦・小麦・粟《あわ》・黍《きび》・蕎麦《そば》などの雑穀栽培、そして、それに基づいた食生活、さらには養蚕業で、この山村の複合的な畑作農耕文化の豊富さだった。おそらく、この方にとって、出産産育やそれをめぐって話していただいたライフヒストリーの概略は、あらかじめ、調査目的を話しておいたにせよ、楽しいものではなかったと思う。そこには、取材とか研究とか調査とかフィールドワークなどという大義名分のもとに、わたしたちが鈍感におかしている倫理違反めいたものもあるようにも思われる。かつて使われた言葉でいえば、「調査地被害」に通じるものがあるかもしれない。

ただ、この方は、こうして話を聞かせていただくことを、とても喜んでいてくれるようにも思われた。おそらくは、彼女にとって、負の体験を話すことでもあったと思うのだが、それについて静かに淡々と話してくださった。

宮本常一ほどのすぐれた文章表現能力、その写実的で、すぐれた情景描写のなかに全体をえがく観察眼がなくてもよい。また、宮本が『忘れられた日本人』のなかで、会話形式を多用し、また、「土佐源氏」ではひとり語りの形式でハナシを再構成した、そうした、表現上のテクニックもあえて必要ない。かえって、宮本ほどにすぐれた文章表現能力を駆使すれば、たとえば、「土佐源氏」におけるように、それがすぐれたハナシであるとはいえ、本論で指摘したような飛躍をはらむことにもなってしまう。さらには、宮本がみずからをも〈歩く〉〈旅〉人のハナシとしてしまったような、そこまでの積極性もなくてもよい。饒舌である必要はない。

ひとりひとりの経験や人生、それらをみずからが淡々とかえりみるのでよい。また、他者がそれを聞き、話者と他者との往復運動のなかで、再構成するのでもよい。いずれにせよ、みずからが行なえばみずからの主観により、話者と他者との協業であれば両者の主観の合作として、静かなハナシの創出があってもよいだろう。ふつうノンフィクションとして、また、ルポルタージュとして扱われる作品には、特定の問題意識、さらには告発とでもいうべき視点が露骨に出るが、そうしたあらかじめ設定された課題にそった再現ではない。文化人・著名人の語りたがりの回想・自伝でもない。ひとつの経験や人生をそれを生きた人みずからの視線から、なつかしんだり、後悔したり、懺悔したり、あるいは、結局は語ることのできないことがらと自覚しそのまま胸底に秘めたままにしたり、そんなハナシが多くあってよいだろう。ありふれた言い方だが、教科書やテレビ・新聞・ネットなどメディアに登場する人物にだけハナシがあるのではなく、誰にでも同じく経験と人生のハナシがある。

そう考えることが、人間を〈忘れられた日本人〉にしてしまうのではなく、ひとりひとりの人間を大切にする、そんな気持ちの原点であるようにも思われる。たとえば、基本的人権はきわめて重要な権利思想であるが、そうした欧米に発達した抽象的な政治思想をあてはめ深めていく以前に、ひとりひとりにハナシを創出することのできる経験や人生があること、そんなあたりまえのことを認識することの欠如が、相変わらず日本人の〈わすれもの〉になっているように思う。

それは『忘れられた日本人』が刊行された一九六〇年（昭和三五）から約五五年を経た現在でも

大きくは変わっていないだろう。

宮本常一の『忘れられた日本人』が提起していること、それはごく単純である。ひとりひとりの人間の尊重。

それは理想主義的なヒューマニズムにすぎないかもしれない。しかしそれが『忘れられた日本人』をして感銘を与え続けているゆえんなのではないかと思う。

＊1　宮本常一、『民俗学の旅』一〇四－一〇五ページ〔傍点・引用者〕

＊2　『民俗学の旅』一〇五ページ

＊3　『民俗学の旅』一一四ページ〔傍点・引用者〕

あとがき

『忘れられた日本人』をはじめて読んでから三五年になる。大学一年生になり、民俗学などというものに興味を持つようになったばかりのときで、一九八〇年（昭和五五）六月だったと思う。まだ、岩波文庫版はなく、『宮本常一著作集 第一〇巻』で読んだ。宮本の著作のなかで、いちばん最初に読んだのが、この『忘れられた日本人』だった。

といっても、これはまったくの偶然で、宮本常一がどういう人かも知らず、書店の棚で、おもしろいタイトルだなと思い、立ち読みしてから買った。だから、最初、『忘れられた日本人』が宮本のもっともよく知られた作品であることさえ知らなかった。

宮本が亡くなったのは一九八一年（昭和五六）一月三〇日であったから、わたしがはじめてその作品を読んでから、その半年後には、『忘れられた日本人』の著者はこの世を去ってしまった。妙な記憶の連鎖なのだが、ジョン・レノンの死がその前月の一九八〇年（昭和五五）一二月八日で、正月をはさんでの、ジョン・レノンと宮本常一の死が、わたしにはいまだにワンセットになっている。

宮本が亡くなった年の夏、八月のはじめごろだったと思う。新宿の紀伊國屋ホールに坂本長利のひとり芝居「土佐源氏」を観に行った。四九九回目の公演といっていたのを覚えている。記憶はさだかではないのだが、紀伊國屋ホールに井上ひさしの芝居「小林一茶」を観に行き、そのときに「土佐源氏」の上演を知り、観に行ったように記憶している。ただ、この記憶はあいまいで、「土佐源氏」を観たのがさきで、あとから「小林一茶」を観たのかもしれない。

いま、このような行動をとっていた自分を思い出してみると、『忘れられた日本人』に出会った直後から、『忘れられた日本人』と宮本常一は、自分のなかでいつも気になる存在だったのだろうと思う。下宿が古本屋街の近くだったので、古書店で『宮本常一著作集』の端本をみつけると、すこしずつ揃えた。といっても、『忘れられた日本人』について何か論じてみようとか、宮本常一とその学問について評論めいた作業をしてみようとか、そうしたことは考えたこともなく、一読者として、宮本から学ばせていただき、また、楽しませてもらってきた、というのが正直なところである。

本論でもすこしだけ述べてみたが、宮本の文章になにげなく存在している情景描写の美しさは、研究者のモノグラフとしての文章ではなく、宮本特有の表現であると思う。それが、モノグラフとしての厳密さを欠かせることにもなり、マイナス要素として作用していることもある。しかし、そのすぐれた情景描写によって、読者であるわたしたちはいつのまにかその文章を読みすすんでしまう。「宮本常一にはまってしまう」のは、このすぐれた情景描写に代表される独特の表現方法によってではないかと思うこともあった。

ついこの前のように思うのだが、最初に『忘れられた日本人』を読んでから三五年たっている。そのころからわずかながらもフィールドを重ね、いまもなんとか続けているので、宮本常一とその作品を批評してもよいのではないか、と考えた。前著『宮本常一――逸脱の民俗学者』(二〇一三、河出書房新社)は、評伝の形態をとり、宮本の本体とでもいうべきその学問をおった。これに対して、今回は『忘れられた日本人』をとりあげ、その本体ではない周辺をおってみた。その研究上の著作よりも『忘れられた日本人』の方がよく知られている以上、これは避けられないことであろう。

宮本常一をして「巨人」だのと持ち上げ、自己肥大化や自説の権威づけのために、宮本や『忘れられた日本人』を利用することはあってはならない。もっとも、これは宮本常一ならずとも、誰であっても同じである。柳田国男など民俗学者とされる人たちが論じられるとき、こうした「巨人」持ち上げ型が多いように思われる。近年では、柳田だけではなく柳田周辺にまでそれが拡大し、そうした傾向はおさまることなく続いているように思う。

とにもかくにも、四〇〇字詰原稿用紙に換算すれば三〇〇枚程度のものであるが、『忘れられた日本人』についての自分なりの批評を仕上げることができてほっとしている。本書はひとつの読み方にすぎないのであって、ほかにも多様な読み方があっていいと思う。

『忘れられた日本人』だけではなく、宮本常一を読むと、どこか心が豊かになる。人間を信じたくなり、なんとなく性善説になってしまう。こんな感覚を覚えさせてくれるだけでも、その作品群はとても貴重に思われてならない。
『忘れられた日本人』だけではなく、宮本常一の作品群が、これからも多くの人たちによって読み継がれていくことを願ってやまない。

二〇一四年（平成二六）春　岩田重則

参考文献

宮本常一［一九三七］、『アチックミューゼアム彙報第二三　河内国瀧畑左近熊太翁旧事談』、アチックミューゼアム（『宮本常一著作集　三七』、［一九九三］、未來社所収）

宮本常一［一九四二a］、『アチックミューゼアムノート第二二　出雲八束郡片句浦民俗聞書』、アチックミューゼアム（『宮本常一著作集　三九』、［一九九五］、未來社所収）

宮本常一［一九四二b］、『日本常民文化研究所ノート二〇　吉野西奥民俗採訪録』、日本常民文化研究所（『宮本常一著作集　三四』、［一九八五］、未來社所収）

宮本常一［一九四三a］、『家郷の訓』、三国書房（『宮本常一著作集　六』、［一九六七］、未来社所収）

宮本常一［一九四三b］、『日本常民文化研究所ノート第二六　屋久島民俗誌』、日本常民文化研究所（『宮本常一著作集　一六』、［一九七四］、未來社所収）

宮本常一［一九四九］、『全国民俗誌叢書二　越前石徹白民俗誌』、三省堂（『宮本常一著作集　三六』、［一九九二］、未來社所収）

宮本常一［一九五二］、「対馬の漁業制度」、『対馬と漁民』、関書院

宮本常一［一九五八］、「私の祖父――年よりたち一」、『民話』第三号

宮本常一［一九五九a］、「庶民の世界」、『日本文化研究　三』新潮社、『宮本常一著作集　一三』、［一九七三］、未來社

宮本常一［一九五九b］、「対馬豆酘の村落構造」、『日本民俗学会報』第七号～第九号

宮本常一［一九五九c］、「対馬にて――年よりたち二」、『民話』第五号

宮本常一［一九五九d］、「女の世間――年よりたち六」、『民話』第一三号

宮本常一［一九五九e］、「土佐源氏――年よりたち五」、『民話』第一一号

宮本常一［一九六〇a］、『忘れられた日本人』、未來社（『宮本常一著作集 一〇』、［一九七一］、未來社所収）
宮本常一［一九六〇b］、『日本の離島』、未來社（『宮本常一著作集 四』、［一九六九］、未來社所収）
宮本常一［一九六五］、『生業の推移』、河出書房
宮本常一［一九六六］、『双書・日本民衆史4 村のなりたち』、未來社
宮本常一［一九六八a］、『常民文化叢書一 大隅半島民俗採訪録』、慶友社（『宮本常一著作集 三九』、［一九九五］、未來社所収）
宮本常一［一九六八b］、『双書・日本民衆史5 町のなりたち』、未來社
宮本常一［一九七四a］、『宝島民俗誌』（『宮本常一著作集 一七』、［一九七四］、未來社所収）
宮本常一［一九七四b］、『私の日本地図一三 萩付近』同友館、（［二〇一三］、未來社再刊）
宮本常一［一九七六］、『中国山地民俗採訪録』（『宮本常一著作集 二三』、［一九七六］、未來社所収）
宮本常一［一九七八］、『民俗学の旅』、文芸春秋
宮本常一［二〇〇七］、『宮本常一農漁村採訪録Ⅵ 対馬調査ノート（2）』、周防大島文化交流センター
宮本常一［二〇〇九］、『宮本常一農漁村採訪録Ⅹ 対馬調査ノート（5）』、周防大島文化交流センター

［参考文献］宮本常一以外
網野善彦［一九八四］、「解説」、『忘れられた日本人』、岩波書店（岩波文庫）
網野善彦［二〇〇三］、『『忘れられた日本人』を読む』、岩波書店（二〇一三年岩波現代文庫から再版）
荒畑寒村［一九五八］、「知られざる一面」、『世界』第一五〇号（『荒畑寒村著作集 第五巻』、［一九七六］、平凡社所収）
石母田正［一九五二］、『歴史と民族の発見』、東京大学出版会（『石母田正著作集 第一四巻』、［一九八九］、岩波書店所収）
石母田正［一九八九］、『石母田正著作集 第一四巻』、岩波書店

イ・スターリン［一九五〇］、「言語学におけるマルクス主義について」、『前衛』第五一号
岩田重則［二〇一三］、『宮本常一——逸脱の民俗学者』、河出書房新社
エラ・ルーウィ・ウィスウェル＆ロバート・J・スミス［一九八七］、『須恵村の女たち』（河村望、斎藤尚文・訳）、御茶の水書房（Robert J. Smith & Ella Lury Wiswell, *The Women of Suye Mura*: University of Chicago Press, Chicago,［一九八二］）
エンブリー［一九五五］、『日本の村落社会——須恵村』（植村元覚・訳）、関書院（John F. Embree, *Suye Mura, A Japanese Village*: Black Star Publishing Co., New York,［一九三九］）
大庭良美［一九六〇a］、「畑のはなし——島根県鹿足郡日原村聞書（一）」、『民話』第一八号
大庭良美［一九六〇b］、「日かげの村——島根県鹿足郡日原村聞書（二）」、『民話』第二一号
大庭良美［一九六〇c］、「身の上ばなし——島根県鹿足郡日原村聞書（三）」、『民話』第二四号
大庭良美［一九五五］、『石見日原村聞書』、日本常民文化研究所
大庭良美［一九八五］、『家郷七十年——村の生活誌』、未來社
岡本太郎・深沢七郎・宮本常一［一九六〇］、「残酷ということ」、『民話』第一八号
折口信夫［一九二五］、『自選歌集　海やまのあひだ』、改造社、（『折口信夫全集　第二四巻』、［一九九七］、中央公論社所収）
折口信夫［一九二九—三〇］、『古代研究』全三冊、大岡山書店（『折口信夫全集　第一巻・第二巻・第三巻』、［一九九五］、中央公論社所収）
折口信夫［一九四八］、『水の上　釈迢空短歌綜集（三）』、好学社（『折口信夫全集　第二四巻』、［一九九七］、中央公論社所収）
喜田貞吉［一九一九］、「エタ源流考」、『民族と歴史』第二巻第一号（『喜田貞吉著作集　第一〇巻』、［一九八二］、平凡社所収）
喜田貞吉［一九二〇a］、「声聞師考」、『民族と歴史』第三巻第六号（『喜田貞吉著作集　第一〇巻』、［一九八二］、平凡社

所収）
喜田貞吉［一九二〇b］、「散所法師考」、『民族と歴史』第四巻第三号・第四号（『喜田貞吉著作集 第一〇巻』、［一九八二］、平凡社所収）
喜田貞吉［一九二三］、「つるめそ（犬神人）考」、『社会史研究』第九巻第四号・第五号・第六号（『喜田貞吉著作集 第一〇巻』、［一九八二］、平凡社所収）
喜田貞吉［一九二四］、「日本社会史とは何ぞや」、『歴史と地理』第一三巻第二号（『喜田貞吉著作集 第一〇巻』［一九八二］、平凡社所収）
木下順二［一九四九］、「夕鶴」、『婦人公論』第三八〇号（『木下順二作品集Ⅰ』、［一九六二］、未來社所収）
木下順二［一九六二］、「オットーと呼ばれる日本人」、『世界』第二〇〇号（『木下順二作品集Ⅷ』、［一九七一］、未來社所収）
木下順二［一九五五］、「民話の世界」、『東京新聞』一九五五年四月七日・八日・九日朝刊第八面連載（「民話の世界」は「民話について（三）」と改題され『木下順二評論集三』、［一九七三］、未來社所収）
木下順二・加藤周一・内田義彦・石母田正［一九五八］、「シンポジウム日本人」、『民話』第一号
木村哲也［二〇〇六］、『「忘れられた日本人」の舞台を旅する』、河出書房新社
西郷竹彦［一九六〇］、「民話――民族の心の歴史」、『民話』第一六号
堺利彦［一九一五］、「小き旗上」、『新社会』第二巻第一号（『堺利彦全集 第四巻』、［一九七一］、法律文化社所収）
堺利彦［一九一六］、「山窩の夢」、『新社会』第三巻第一号（『堺利彦全集 第四巻』、［一九七一］、法律文化社所収）
堺利彦［一九二八a］、「日本社会主義運動に於ける無政府主義の役割（四）」、『労農』第二巻第九号（『堺利彦全集 第六巻』、［一九七〇］、法律文化社所収）
堺利彦［一九二八b］、「日本社会主義運動に於ける無政府主義の役割（五）」、『労農』第二巻第一一号（『堺利彦全

集　第六巻』、［一九七〇］、法律文化社所収）
下中邦彦・編［一九五九］、『日本残酷物語　第一部　貧しき人々のむれ』、平凡社
ジャック・ロンドン［一九一七－一八］、「野生の呼声」（堺利彦・訳）、『中外』第一巻第一号～第二巻第六号
菅井幸雄［一九六一］、「解題」、『木下順二作品集Ⅱ』未來社
菅井幸雄［一九六二］、「解題」、『木下順二作品集Ⅰ』未來社
菅井幸雄［一九七一］、「解題」、『木下順二作品集Ⅷ』未來社
谷川雁［一九五九］、「観測者と工作者」、『民話』第九号
田村善次郎・編［二〇一二］、『宮本常一日記　青春篇』、毎日新聞社
田山花袋［一九一六］、「帰国」、『新小説』第二一年第八巻（『田山花袋全集　第七巻』、［一九七三］、文泉堂書店所収）
藤間生大［一九五一］、『日本民族の形成』、岩波書店
遠山茂樹［一九六八］、『戦後の歴史学と歴史意識』、岩波書店（『遠山茂樹著作集　第八巻』、［一九九二］、岩波書店所収）
中村星湖［一九七三］、「解説」、『田山花袋全集　第七巻』、文泉堂書店
日本常民文化研究所・編［一九四三］、『日本常民文化研究所彙報第五六　おしらさま図録』、日本常民文化研究所
埴谷雄高・丸山真男［一九五九］、「現代の政治的状況と芸術」、『民話』第四号
日高六郎［一九五九］、「大衆論の周辺」、『民話』第六号・第七号
藤田省三［一九五九］、「大衆崇拝主義批判の批判」、『民話』第五号
文化庁文化財保護部・編［一九八九］、『民俗資料選集一六　茶堂の習俗Ⅰ』、国土地理協会
文化庁文化財保護部・編［二〇〇一］、『民俗資料選集二九　茶堂の習俗Ⅱ』、国土地理協会
毎日新聞社・編［二〇〇五ａ］、『宮本常一写真・日記集成　別巻』、毎日新聞社
毎日新聞社・編［二〇〇五ｂ］、『宮本常一写真・日記集成　上巻』毎日新聞社

松島栄一［一九五九］、「『荷車の歌』をめぐって」、『民話』第八号・第九号
松本昌次・編［一九八二］、『ある軌跡――未來社三〇年の記録』、未來社
民話の会・編［一九五六］、『民話の発見』、大月書店
民話の会［一九五八a］、「新しい日本文化のために――創刊の辞」、『民話』第一号
民話の会［一九五八b］、「「民話の会」会則」『民話』第一号
毛利甚八［一九九八］、『宮本常一を歩く・下巻』、小学館
柳田国男［一九一〇］、『遠野物語』、聚精堂（『柳田国男全集 第二巻』、［一九九七］、筑摩書房所収）
柳田国男［一九一一a］、「『イタカ』及び『サンカ』」、『人類学雑誌』第二七巻第六号（『柳田国男全集 第二四巻』、［一九九九］、筑摩書房所収）
柳田国男［一九一一b］、「『イタカ』及び『サンカ』（其二）」、『人類学雑誌』第二七巻第八号（『柳田国男全集 第二四巻』、［一九九九］、筑摩書房所収）
柳田国男［一九一二］、「『イタカ』及び『サンカ』（其三）」、『人類学雑誌』第二八巻第二号（『柳田国男全集 第二四巻』、［一九九九］、筑摩書房所収）
柳田国男［一九一四－一五］、「毛坊主考」、『郷土研究』第二巻第一号～第一二号（『柳田国男全集 第二四巻』、［一九九九］、筑摩書房所収）
柳田国男［一九一七］、「山人考」、『山の人生』［一九二六］、郷土研究社（『柳田国男全集 第三巻』、［一九九七］、筑摩書房所収）
柳田国男［一九五九］、『故郷七十年』のじぎく文庫」（『柳田国男全集 第二一巻』、［一九九七］、筑摩書房所収）
山川菊栄、向坂逸郎・編［一九六一］、『山川均自伝』、岩波書店
山口昌男［一九七五］、『文化と両義性』、岩波書店

山代巴［一九五六］、『荷車の歌』、筑摩書房
山田一郎［一九九一］、「土佐風信帖　うみやまの書《ふみ》」第二二回・第二三回、『高知新聞』、［一九九一年六月一七日第三面・六月二四日夕刊第三面］
歴史学研究会編［一九四九］、『世界史の基本法則――歴史学研究会一九四九年度大会報告』、岩波書店
歴史学研究会編［一九五一］、『歴史における民族の問題――一九五一年度歴史学研究会大会報告』、岩波書店
歴史学研究会編［一九五三］、『民族の文化について――一九五二年度歴史学研究会大会報告』、岩波書店

読書案内

『忘れられた日本人』を起点として宮本常一を理解するために

岩田重則

宮本常一（一九〇七－一九八一）の文章はそのいずれをとっても読みやすい。学術的著作でもあっても、**『忘れられた日本人』**〔著作集第一〇巻・岩波文庫〕のようなハナシ集であっても、知らず知らずのうちに引き込まれてしまう。膨大な著作のどこからひもといても、たやすくその世界に入っていくことができる。

まずはその基本的著作を知ることのできる書誌を紹介しておこう。

著作集として**『宮本常一著作集』**（未來社）がある。一九六七年（昭和四二）から刊行がはじまったこの著作集は現在第五一巻まで刊行がすすんでいる。うち第二五巻（一九七七）までは宮本生前の刊行で自選集的意味をも持ち、第二六巻（一九八一）以降は死後の編集である。主要著作はこの『宮本常一著作集』に所収されているが、所収されていない作品も多い。宮本単独の主なシリーズとしては、**『私の日本地図』**（同友館）全一五冊（一九六七－七六）、**『双書・日本民衆史』**（未來社）全七冊（一九六二－九三）がある。『私の日本地図』は現在未來社から再版途中である。

著作目録はいまだ整備されたものがないが、年譜については、**『宮本常一日記 青春篇』**（二〇一二、毎日新聞社）所収の田村善次郎編「宮本常一年譜稿」が詳細でまとまっている。宮本の生涯を概観するには、自伝**『民俗学の旅』**（一九七八、文芸春秋社）〔講談社学術文庫〕を読むのがよい。ただし、本論でも述べたように、この自伝『民俗学の旅』は、『忘れられた日本人』と同じく、晩年の宮本自身によるハナシとでもいうべき性格もあり、それを考慮して読む必要がある。

膨大なその著作群について、どこからひもとけばよいのか、それは読者の関心にもよるが、一般的にいえば、宮本の学問とそのハナシ集の創出が完成された一九六〇年代の著作からひもとくのがもっとも近道ではないかと思う。『忘れられた日本人』がハナシ集なので、そうしたハナシに幻惑されないためにも、まずはその本体である学術的著作を理解することをすすめたい。たとえば、『**民俗のふるさと**』（一九六四、河出書房）［著作集第三〇巻・河出文庫］、『**生業の推移**』（一九六五、河出書房）［『生きていく民俗』と改題され河出文庫］、『**双書・日本民衆史7 甘藷の歴史**』（一九六二、未來社）、『**双書・日本民衆史4 村のなりたち**』（一九六六、未來社）をはじめとする『双書・日本民衆史』シリーズなどにより、日本列島総合社会史とでもいうべきその学術的到達点を理解するのがよいだろう。また、その学位論文でもあった『**瀬戸内海の研究**』全二冊（一九六五、未來社）は、宮本の学問的方法だけではなく、その漁業・漁村研究への視点を包括的に知ることもできる。

そのうえで、年代的にも広げ、宮本のスタンダードな民俗学的著作・概説書、また、『忘れられた日本人』のようなハナシ集をひもとくのがよいのではないかと思う。民俗学的著作としては、すぐれた民俗誌として定評のある『**アチツクミユーゼアム彙報 第一一 周防大島を中心としたる海の生活誌**』（一九三六、アチックミューゼアム）［著作集第三八巻］、『**アチツクミユーゼアム彙報 第二三 河内国瀧畑左近熊太翁旧事談**』（一九三七、アチックミューゼアム）［著作集第三七巻］、『**全国民俗誌叢書二 越前石徹白民俗誌**』（一九四九、三省堂）［著作集第三六巻］など、分析的な年中行事研究として『**民間暦**』（一九四二、六人社）［著作集第九巻・講談社学術文庫］である。フィールドワーカーとして観察眼を駆使する宮本の特徴が出た概説書として、自伝的にえがかれた『**民俗学への道**』（一九五五、岩崎美術社）［著作集第一巻］、『**ふるさとの生活**』（一九五〇、朝日新聞社）［著作集第七巻・講談社学術文庫］、『**日本の村**』（一九五三、筑摩書房）［著作集第七巻］、『**海をひらいた人びと**』（一九五九、筑摩書房）［著作集第八巻・ちくま文庫］などがあり、これら読むと、固定的な枠組みにおさまりきらないその資料観察方法をかいま見ることもできる。

『忘れられた日本人』ほどではないにせよ、宮本独特のハナシ集としての特徴が色濃く出た著作として、『**村里を行く**』（一九四三、三国書房）［著作集第二五巻］、『**民衆

の知恵を訪ねて』（一九六三、未來社）〔著作集第二六巻〕、『**離島の旅**』（一九六四、新人物往来社）〔著作集第三五巻〕がある。また、ルポルタージュとしての性格をも強く持つ作品として、『**日本の離島**』（一九六〇、未來社）〔著作集第四巻〕、続編として『**日本の離島 第二集**』（一九六六、未來社）〔著作集第五巻〕がある。前者は一九六一年（昭和三六）日本エッセイストクラブ賞受賞作品であり、これらは、宮本が事務局長もつとめた全国離島振興協議会の活動とも関連していた。これらを読むだけでも、宮本の学術的広がりとそこだけに閉じこもっていない宮本のエネルギッシュなスタイルを知ることができる。ただし、宮本常一が編集・執筆にたずさわった『**風土記日本**』全七冊（一九五七－五八、平凡社）、『**日本残酷物語**』全七冊（一九五九－六二、平凡社）〔平凡社ライブラリー〕は、これらに宮本の意見が強く反映されていたとしても、個々の執筆分担は無記名でありしかも共著であるので、これらを宮本単独の作品とすることはできない。

宮本常一の著作はどこから読みはじめても引き込まれる。しかしそのときに、その根底にある学術的営為を読み過ごさないことが重要であろう。

岩田重則（いわた・しげのり）

1961年生まれ。中央大学総合政策学部教授。専門は民俗学／歴史学。おもな著書に『ムラの若者・くにの若者――民俗と国民統合』（1996年、未來社）、『戦死者霊魂のゆくえ――戦争と民俗』（2003年、吉川弘文館）、『墓の民俗学』（2003年、吉川弘文館）、『「お墓」の誕生――死者祭祀の民俗誌』（2006年、岩波書店）、『〈いのち〉をめぐる近代史――堕胎から人工妊娠中絶へ』（2009年、吉川弘文館）、『宮本常一――逸脱の民俗学者』（2013年、河出書房新社）など。

いま読む！名著

日《に》本《ほん》人《じん》のわすれもの

宮本常一『忘れられた日本人』を読み直す

2014年7月15日　第1版第1刷発行

著者　岩田重則

編集　中西豪士

発行者　菊地泰博

発行所　株式会社現代書館

〒102-0072　東京都千代田区飯田橋3-2-5

電話 03-3221-1321　FAX 03-3262-5906　振替 00120-3-83725

http://www.gendaishokan.co.jp/

印刷所　平河工業社（本文）　東光印刷所（カバー・表紙・帯・別丁扉）

製本所　積信堂

ブックデザイン・組版　伊藤滋章

校正協力：電算印刷

ISBN978-4-7684-1003-5

活字で利用できない方のための
テキストデータ請求券
『日本人のわすれもの』